# A Verdadeira Maria

Publicações RBC

# *A Verdadeira Maria*

## PODEM OS CRISTÃOS EVANGÉLICOS ACOLHER A MÃE DE JESUS?

## Scot McKnight

This book was first published in the United States by
Paraclete Press, P.O. Box 1568, Orleans MA 02653 with the title The Real Mary,
copyright © 2006 by Scot McKnight.
Translated by permission, arranged by F. J. Rudy and Associates,
Palatine, Illinois, USA.

Tradução: Hedy Maria Scheffer Silvado
Revisão: Rita Rosário
Projeto gráfico: Audrey Ribeiro
Foto da capa: © Ministérios RBC, Anabela Nascimento

Dados Internacionais de Catalogação na Publicação (CIP)

> McKnight, Scott
> A Verdadeira Maria — podem os cristãos evangélicos acolher a mãe de Jesus?;
> tradução Hedy Maria Scheffer Silvado — Curitiba/PR Publicações RBC.
> Título original: *The Real Mary, Why Evangelical Christians Can Embrace The Mother of Jesus*
> 1. Maria
> 2. Virgem
> 3. Bíblia / Religião.

Proibida a reprodução total ou parcial, sem prévia autorização, por escrito, da editora.
Todos os direitos reservados e protegidos pela Lei 9.610, de 19/02/1998.

Exceto quando indicado no texto, os trechos bíblicos mencionados são da edição Nova Versão Internacional © 2000 Sociedade Bíblica Internacional.

Traduzido e publicado por Publicações RBC sob acordo especial com F. J. Rudy and Associates, Palatine, Illinois, USA.

Publicações RBC
Rua Nicarágua 2128, Bacacheri, 82515-260 Curitiba/PR
Visite o nosso site:
www.publicacoesrbc.com • www.ministeriosrbc.org

ISBN: 978-1-60485-151-9
Código: Q2253
*Printed in Brazil / Impresso no Brasil*

# Sumário

**PARTE 1**
A verdadeira Maria dos evangelhos

1. Por que escrever um livro sobre a verdadeira Maria?    11
2. "Que aconteça comigo conforme a tua palavra"
   MULHER DE FÉ    15
3. "Ele derrubou governantes"
   MULHER DE JUSTIÇA    23
4. "E sobre elas refletia em seu coração"
   MULHER DE OUSADIA    33
5. "Onde está o recém-nascido rei dos judeus?"
   MULHER DE TESTEMUNHO    41
6. "Uma espada atravessará a sua alma"
   MULHER DE SOFRIMENTO    53
7. "Na casa de meu Pai"
   MULHER DE PONDERAÇÃO    61
8. "Façam o que Ele lhes mandar"
   MULHER DE RENDIÇÃO    71
9. "Quem é minha mãe e quem são meus irmãos?"
   MULHER DE AMBIVALÊNCIA    83

10. *"Perto da cruz de Jesus estava sua mãe"*
    MULHER DE FIDELIDADE                                    97

## Parte 2
## A vida de Maria na igreja

11. *"Seguindo com as mulheres, e Maria, mãe de Jesus"*
    MULHER DE INFLUÊNCIA                                   111
12. *"Protestantes, Católicos Romanos e Maria"*
    MULHER DE CONTROVÉRSIA 1                               125
13. *"Protestantes, Católicos Romanos e Maria"*
    MULHER DE CONTROVÉRSIA 2                               139

## Parte 3
## Acolhendo a verdadeira Maria

14. *"Todas as gerações me chamarão bem-aventurada"*
    MULHER PARA SER LEMBRADA                               155

Apêndice 1: Paralelos do Antigo Testamento no *Magnificat*   163

Apêndice 2: Sugestões Para Reflexão Sobre Maria              169

Bibliografia                                                 183

Fontes                                                       185

Perdoe-nos gentil senhora, se aprendemos
a lhe dar menos respeito do que o céu desejaria;
Pois nos apaixonamos pelo Filho do seu amor maior,
Para que não venerássemos a ti mais do que a Ele.
—de "Gales e a Virgem Maria"
      JOHN GWILI JENKINS

... fomos levados até o final para o
Nascimento ou Morte? Houve um Nascimento, certamente,
Tivemos evidência e não duvidamos.
Eu tinha visto nascimento e morte,
Mas pensei que eles eram diferentes; este nascimento foi
Difícil e amargo para nós, como a Morte, nossa morte.
Retornamos para os nossos lugares, estes Reinos,
Mas não há mais paz aqui, na velha dispensação,
Com pessoas estranhas agarrando seus deuses.
Eu gostaria de morrer outra morte.
—de "A Jornada dos Magos"
      T.S. ELLIOT

# Parte 1

## A VERDADEIRA MARIA DOS EVANGELHOS

# 1
# Por que escrever um livro sobre a verdadeira Maria?

"Por que você — um protestante — está escrevendo um livro sobre Maria?" Muitas vezes me fizeram esta pergunta. Na verdade, uma pessoa perguntou-me o seguinte: "Maria não era católica romana?" (Não estou brincando).

Por que escrever um livro para protestantes a respeito de Maria? Aqui está o porquê: Porque a história sobre a verdadeira Maria nunca foi contada. A Maria da Bíblia sumiu por causa de algumas controvérsias teológicas, por meio das quais, ela se tornou o teste da mancha de Rorschach (usado em psicologia) no qual teólogos encontram o que *desejam* encontrar. No meio desta controvérsia, a verdadeira Maria foi deixada para trás. É hora de deixarmos sua história ser contada novamente. Nos últimos dez anos li prateleiras de livros e artigos sobre Maria, e descobri que quase ninguém está interessado no que verdadeira Maria era, em sua época. *A Verdadeira Maria* tenta preencher este vazio e destacar a Maria real.

Por que um livro sobre Maria?

*Porque* a história de Maria é sobre uma mulher comum, e também é a história de uma mulher com uma vocação extraordinária (ser a mãe do Messias), que aprendeu a seguir o Messias Jesus através das lutas habituais que os humanos enfrentam. Neste sentido, Maria representa cada um de nós — você e eu — em nosso chamado para seguir Jesus.

Por que um livro sobre Maria?

*Porque* por anos a visão de Maria na igreja não foi verdadeira. Para alguns, Maria se tornou um pouco mais do que um complacente "ventre de repouso" para Deus. Ela tornou-se um estereótipo da passividade; diante de desafios, de autossacrifício à custa da preocupação da alma; e de quietude, ao ponto de esconder-se na sombra dos outros. Nora O. Lozana-Diaz, professora na Faculdade Teológica Batista Hispânica, destaca a influência do que ela chama de *marianismo* na cultura latina, e declara que esta falsa visão de Maria (marianismo) oprime as mulheres, ao invés de desafiá-las a viver com coragem diante de Deus — como a própria Maria viveu! Se uma falsa visão nos prejudica a todos, uma visão mais precisa pode nos encorajar, homens e mulheres.

Por que escrever um livro sobre Maria?

*Porque* ela foi a mãe de Jesus, e por isso é importante para cada um de nós.

*Porque* o Magnificat, o cântico que ela entoou, registrado no evangelho de Lucas 1 é a *Carta Magna* dos cânticos cristãos primitivos, e um mosaico do que Deus faria quando Jesus, o Messias, viesse: "Minha alma engrandece ao Senhor e o meu espírito se alegra em Deus meu Salvador, pois atentou para a humildade da sua serva" (Lucas 1:46-47). Esta é apenas a primeira linha do seu cântico.

Por que escrever um livro sobre Maria?

*Porque* as manifestações com relação a Maria nas tradições Católica Romana e Ortodoxa geraram "reações de formação". Muitos de nós, protestantes, ao reagirmos tanto contra Maria, a retiramos de cena. Sabemos muito mais sobre o que não cremos a respeito de Maria — que ela não foi concebida imaculada, que teve outros filhos com José, portanto não permaneceu perpetuamente virgem, etc.— do que cremos sobre ela.

Por que escrever um livro sobre Maria?

*Porque*, até onde sei, um livro sobre Maria, para evangélicos, com enfoque na verdadeira Maria, nunca foi escrito. Outros livros se envolveram em polêmicas sobre a imaculada concepção, sua virgindade perpétua, a devoção a Maria e outros dogmas chamados marianos. No entanto, dentro do que descobri ninguém escreveu um livro sobre a vida e o caráter de Maria, para ajudar-nos a desenvolver uma visão protestante e positiva dela. Permitam-me dizer isto de maneira mais forte: Somos protestantes; cremos na Bíblia; Maria está na Bíblia; precisamos crer no que a Bíblia diz sobre Maria. O livro, *A Verdadeira Maria*, foi concebido para falar à nossa tradição.

Por que escrever um livro sobre Maria?

*Porque* a Guerra Fria entre protestantes e católicos romanos a respeito de Maria acabou. Há muitas razões para isto, algumas; políticas, sociais, teológicas e globais, mas o pastor evangélico presbiteriano Mark Roberts de Irvine, da Califórnia, EUA, acha que pelo menos uma das razão pela qual a Guerra Fria acabou foi motivada pela canção *Mary Did You Know?* (Maria você sabia?), escrita há décadas por Mary Lowry e agora gravada por mais de 30 artistas cristãos. Esta canção nos faz reconhecer Maria — a verdadeira — que os protestantes podem acolher.

Ainda tenho uma resposta final para esta pergunta "Por que escrever um livro sobre Maria?"

*Porque* a verdadeira Maria sempre nos conduz a Jesus. Quando descobrimos a verdadeira Maria, aquela que viveu com José na Galiléia do século 1.º d.C., que creio, criou outras crianças e teve suas próprias lutas, também descobrimos alguém a quem podemos acolher, porque Maria honrou seu filho assim como nós somos chamados a honrá-lo. Quando você encontrar a verdadeira Maria das Escrituras, a Maria do século 1.º d.C., você a descobrirá falando sobre seu filho Jesus, e nos incentivando a conhecê-lo melhor.

# 2

## *"Que aconteça comigo conforme a tua palavra"*
### MULHER DE FÉ

*O primeiro natal foi cheio de* surpresas. Maria era uma jovem judia, pobre, de uma vila obscura chamada Nazaré, quando o anjo Gabriel a surpreendeu. Talvez ela estivesse dormindo e as notícias lhe vieram em sonho; talvez estivesse num quarto, orando sozinha; talvez estivesse meditando, junto a um ribeiro. De algum lugar, de alguma forma, o anjo lhe apareceu e trouxe sob suas asas um envelope especial com notícias celestiais, informando Maria que ela tinha sido escolhida por Deus para ser a mãe de um filho.

Gabriel a informou que aquele filho não seria uma criança qualquer, como um Jacó, um Rubem ou um Benjamim. Não, o filho dela seria o Filho do Altíssimo, o Rei da tribo de Davi, o Messias há muito esperado. E para maior surpresa de Maria —, ela conceberia de forma milagrosa: O poderoso Espírito de Deus, aquele Espírito que criou as águas no Dia da Grande Inauguração da Terra, viria sobre ela e produziria um milagre em seu ventre.

A visita de um anjo, a novidade de que ela teria um bebê e a palavra de que seu filho seria o Messias: com certeza a surpreendeu. *Mas a surpresa maior foi Maria consentir no plano de Deus.* Após Gabriel ter lido as boas notícias de Deus para ela, Maria consentiu, dizendo simplesmente: "que aconteça comigo conforme a tua palavra" (Lucas 1:38).

Como protestantes, temos duas coisas atuando contra nós, quando se trata de entendermos afirmações, como esta de Maria "que aconteça comigo": Nós não só a ignoramos de maneira geral, mas também a consideramos como um personagem natalino. Olhemos novamente os acontecimentos que antecederam o primeiro natal, e ao fazermos isto não veremos somente as maravilhas contidas na declaração mariana, mas também encontraremos lá a verdadeira Maria.

Embora aquele dia possa ter sido surpreendente e alegre, quando Maria suspirou "que aconteça comigo" ao anjo Gabriel, o corpo de Maria recebeu a vida do bebê que nasceria. Precisamos nos lembrar que o "que aconteça comigo" de Maria ao anjo Gabriel, aconteceu meses antes do "sim" que ela proferiu a José. Naquele dia, Maria ouviu a estranha notícia divina de que ela conceberia fora do casamento, como parte do plano de Deus. Para uma mulher judia já prometida, aquela teria sido uma grande surpresa, pois não era assim que Deus e a lei judaica funcionavam, e nem como a sociedade funcionava.

Uma mulher judia e grávida antes de casar-se, enfrentaria o questionamento sobre a integridade do seu "sim" para José. Mais cedo ou mais tarde, os fofoqueiros de plantão declarariam que tinham descoberto com quem Maria estivera. Era este o verdadeiro mundo de Maria.

Neste mesmo mundo real de Maria, a declaração "que aconteça comigo" era um corajoso ato de fé. Consideramos as palavras de consentimento de Maria para o anjo como uma simples concordância da parte dela. Precisamos considerar o contexto em que ela vivia — o que teria sido para uma adolescente judia do século 1.º d. C. confiar em Deus, e como teria sido contar a história desta concepção para sua família, depois para José e para os outros em público. E ao considerarmos este contexto, conseguiremos compreender melhor a verdadeira fé que Maria professava. Podemos romancear sua fé e idealizar seu exemplo, podemos fazer dela uma simples personagem de um presépio natalino, porém, não podemos fugir da teimosa realidade de que uma jovem mulher, grávida antes do casamento, teria sua reputação defraudada e questionada — mesmo que as acusações fossem falsas.

## *A jovem Maria, sua fé e as tradições da Torá*

Maria cnhecia as consequências de sua prontidão e fé, e sabia o que seria dito a seu respeito, nas esquinas da atrasada Nazaré.

Maria era *jovem*. A maioria das fontes sugere que ela tinha por volta de 13 anos de idade, embora algumas fontes a aumentem para 16 anos. Maria também estava *noiva*. Passariam alguns meses até que ela e José fizessem sua cerimônia de casamento. Embora, estivessem somente noivos legalmente, eles já eram marido e mulher, exceto pelas relações sexuais consumadas. Na tradição da Torá, a partir do momento do noivado e não do momento da cerimônia religiosa (como no caso do mundo ocidental), José e Maria seriam considerados marido e mulher.

Ela era jovem e estava noiva, mas sua dificuldade era a gravidez antes do casamento consumado.

Maria estava *grávida* e por estar claro nos Evangelhos que José sabia que não era o pai, a situação dela era muito delicada. Ela seria chamada adúltera, pois não reclamara por ter sido violada à força.

José, agora seu marido de acordo com a Torá; não era o pai, então deveria haver outro homem, o que demandaria a apuração do adultério. Mais uma vez, de acordo com a Torá, como José e Maria eram legalmente casados, qualquer comportamento sexual por parte dela fora do relacionamento seria considerado adultério (ao invés de fornicação — que demandaria a aplicação de outra lei).

A Torá, que regulava a sociedade em que Maria vivia e a sua própria vida, estipulava o castigo para o adultério: *morte por apedrejamento para o adúltero.*

"Se numa cidade um homem se encontrar com uma jovem prometida em casamento e se deitar com ela, levem os dois à porta daquela cidade e apedrejem-nos até a morte: a moça porque estava na cidade e não gritou por socorro, e o homem porque desonrou a mulher doutro homem. Eliminem o mal do meio de vocês" (Deuteronômio 22:23-24).

Como a vida é muitas vezes complexa, os administradores da lei deviam antes de aplicá-la considerar as questões e evidências: Como descobrir se uma mulher é realmente culpada de adultério? E se ela declarasse que foi estuprada? E se o seu marido levantasse falsas acusações contra ela? E se a jovem mulher negasse qualquer transgressão? No meio de toda a fofoca do vilarejo, havia uma questão legal prática: Como determinar se a mulher era culpada de adultério em casos duvidosos?

A lei de "águas amargas" era para os casos duvidosos. De acordo com o livro de Números 5, uma mulher suspeita de adultério (*sotah*) era trazida diante do sacerdote, seu cabelo deveria estar solto, e sob juramento lhe pediriam que tomasse as águas amargas: uma mistura de pó, água purificada e a tinta com a qual o sacerdote escrevera a maldição. O juramento incluía estas palavras: "Que o SENHOR faça de você objeto de maldição e de desprezo no meio do povo fazendo que a sua barriga inche e que você jamais tenha filhos" (Números 5:21). Se a mulher fosse culpada, ela adoeceria. Se não adoecesse, seria absolvida.

Seja lá o que for que pensemos desta lei hoje, o fato é que ela era aplicada no mundo da antiguidade. E durante o primeiro século, o procedimento legal de beber águas amargas, às vezes, tornava-se uma demonstração pública de justiça e outras, a vingança imediata da família. Naquele século, tanto quanto podemos pesquisar nas fontes rabínicas, a *sotah,* ou a mulher suspeita de adultério, era trazida para a corte de Jerusalém para tentar extrair uma confissão. Se a *sotah* mantivesse sua inocência, e Maria a manteria, ela seria levada a um lugar visível (como o Portão de Nicanor) para sofrer pública humilhação. Exigiriam que bebesse as águas amargas, suas roupas seriam rasgadas até seus seios ficarem expostos, seus cabelos seriam soltos e todas as suas jóias seriam removidas. Os transeuntes, especialmente as mulheres, seriam encorajadas a olhar para a vergonha pública da mulher para que isto lhe servisse de lição.

Seria esta a verdadeira realidade para uma mulher suspeita de adultério. Era esse o verdadeiro mundo de Maria.

*Maria expressa sua fé ao dizer "que aconteça comigo conforme a tua palavra"*

Quais teriam sido os sentimentos de Maria ao dizer "que aconteça comigo conforme a tua palavra" naquele tipo de mundo? Aqui estão os tipos de pensamentos que teriam atravessado a mente de Maria, no exato minuto em que Gabriel lhe explicou as "boas-novas". Instantaneamente — porque ela crescera na tradição da Torá — sua mente teria ligado sua gravidez à suspeita de adultério (*sotah*), à humilhação pública de um julgamento e à maneira como José, seu esposo seguidor da Torá, responderia. Nós que temos familiaridade com a sua história, já sabemos que José nunca exigiu os procedimentos das "águas amargas", porém isto é o que *nós* sabemos. Ainda sentindo a presença do anjo, ela não tinha a mínima ideia de como José reagiria às suas declarações de concepção virginal. Quais seriam as chances de seu marido, seguidor da Torá, desistir dos procedimentos legais? Pouquíssimas!

Há muito mais com relação ao que Maria instantaneamente sabia, e a maioria destas coisas nós aprendemos de registros judaicos sobre o tempo de Jesus. Ela sabia que os aldeões insultariam e baniriam seu filho. Ele ouviria a acusação de que era filho ilegítimo (em hebraico, um *mamzer*) e não poderia participar de assembleias especiais (Deuteronômio 23:2). Ela sabia que a reputação de José, como judeu praticante, seria questionada. Como observamos na lei sobre o apedrejamento de mulheres adúlteras, Maria sabia que legalmente, José deveria divorciar-se dela. Havia ainda a preocupação para Maria, de que pudesse ser abandonada com o Messias por nascer, sem pai. Ela reconheceria que eram pobres e que qualquer acerto legal que acontecesse após o divórcio, tornaria sua vida financeira mais difícil. Maria era uma mulher judia, jovem, sensata, inteligente e piedosa — e muito mais — mas não poderia evitar pensar nestas coisas sobre si mesma, Jesus e José.

Ela deve ter questionado se haveria outra maneira mais fácil.

Sabendo o que a Torá dizia, sabendo como a lei era interpretada, e sabendo qual seria a acusação perante a sociedade, ficamos surpresos (senão estupefatos) de que Maria aceitasse o que Gabriel disse com as simples palavras "que aconteça comigo conforme a tua palavra" como está registrado no Evangelho de Lucas 1:38.

Perguntamos então: por que Maria consentiu naquele plano? Porque ela conhecia Deus. Ela tinha conhecimento através das páginas da história de seu povo, que o Deus de Israel era misericordioso, e que cuidaria dela. Conhecia as histórias de outras mulheres que foram ameaçadas na história dos judeus, mas que foram protegidas por Deus — mulheres cujas histórias estão descritas na Bíblia, como Tamar, Raabe, Rute e Batseba; mulheres citadas pelo evangelista Mateus, na genealogia que leva a José, Maria e Jesus. Por causa da confiança de Maria em Deus, e apesar de todos estes pensamentos ameaçadores de acusação e censura, Maria proferiu essas palavras corajosas que mudaram a história: "Sou a serva do Senhor; *que aconteça comigo* conforme a tua palavra".

Maria, pela fé, concordou com o plano de Deus. Maria, pela fé, começou a carregar a cruz, antes de Jesus nascer. Maria começou a sofrer pelo Messias, antes do Messias sofrer.

Maria nunca mais teria uma vida normal. A família de Maria, seus amigos e o povo da sua Nazaré natal, nunca mais olhariam para ela da mesma forma. Se evidências posteriores indicassem algo, muito poucos creriam na sua história. Fiquei espantado na primeira vez que li estas palavras do grande reformador Martinho Lutero, sobre Maria:

> "Dos que tiveram contato, falaram, comeram e beberam com ela, quantos talvez a desprezassem e a considerassem nada mais que uma simples donzela da vila, comum e pobre, e que se soubessem quem era, teriam fugido dela com pavor?"

Andava pela Galiléia esta mulher jovem e especial, que fora chamada por Deus para uma vocação extraordinária, para a qual parecia preparada. Com certeza perguntaremos: Mas por que Maria estava tão preparada? A resposta a essa pergunta pode ser encontrada no Cântico de Maria, chamado de *Magnificat*, registrado em Lucas 1:46-55. Quando escutarmos atentamente o cântico de Maria, entenderemos por que ela estava preparada e também por que devemos afirmar que Maria era uma mulher de corajosa e profunda fé.

# 3

## "Ele derrubou governantes"
### MULHER DE JUSTIÇA

Nos anos de 1980 o governo da Guatemala baniu qualquer recitativo público do *Magnificat* de Maria, porque este cântico era considerado politicamente subversivo. O *Magnificat* de Maria banido? Por ser subversivo? Aquele delicado cântico de Maria — subversivo? De fato, é — o cântico surpreende muitos de nós. Se lêssemos o *Magnificat* pela primeira vez, e com o chamado por justiça em mente, poderíamos simpatizar com aqueles que pensam que ele subverte a injustiça.

Em países cujos cidadãos são privados das liberdades básicas para dizer o que pensam, adorar como quiserem e adquirir itens necessários à sobrevivência, um vigoroso apelo à justiça é um ato de subversão. Maria fez seu ardente apelo em canção. Não muito depois de Maria cantar sua canção, os magos do oriente informaram Herodes, o cruel rei de Israel, que um recém-nascido se tornaria rei. A resposta de Herodes foi a matança de todas as crianças inocentes com menos de dois anos na vila de Belém. Se

Herodes achava que a simples notícia de um bebê nascido em Belém era subversiva, o que será que achou ao ouvir as palavras do cântico de Maria? Se lêssemos a canção *Magnificat* de Maria em seu verdadeiro mundo, veríamos que retrata a injustiça de dentro para fora e o poder de cabeça para baixo.

O Cântico de Maria — o *Magnificat* — é mais do que um cântico piedoso cantado em igrejas litúrgicas ao redor do mundo, a cada noite ou ao entardecer para celebrar a fé pessoal. Muito mais do que isto, o cântico de Maria louva a Deus por abrir os céus e descer ao mundo para estabelecer justiça e derrubar líderes injustos.

## *O Cântico de Maria (no tempo de Herodes)*

Tão logo o anjo Gabriel deixou Maria, ela correu para a casa de uma parenta mais velha, Isabel, para compartilhar as boas-novas. Maria sabia que Isabel, esposa estéril de um sacerdote idoso, também fora visitada por Deus, e que ela também daria à luz a um filho especial. Assim que Maria passou pela soleira, Isabel irrompeu numa bênção poética para Maria. Então Maria respondeu, contando-lhe o que Deus estava fazendo dentro de seu próprio ventre. Aqui estão as primeiras linhas do *Magnificat* de Maria, registradas no evangelho de Lucas 1. (Nós chamamos o Cântico de *Magnificat* porque a primeiro linha na tradução latina é *Magnificat anima mea Dominum* ou literalmente "Engrandece minha alma o Senhor").

> *Minha alma engrandece ao Senhor*
> *E o meu espírito se alegra em Deus meu Salvador...*

Por que Maria começa a cantar? Porque Deus está lhe dando não somente um filho, mas este filho do milagre também se tornará rei da linhagem de Davi e estabelecerá uma nova dinastia davídica em Jerusalém que durará para todo o sempre. Lembre-se que no evangelho de Lucas 1, quando o anjo visitou Maria, disse-lhe que seu filho seria "grande" e seria chamado "Filho do Altíssimo", que Deus lhe daria "o trono de seu pai Davi", e que o seu "reino jamais teria fim". Maria entendeu as palavras de Gabriel como o cumprimento da promessa de Deus para as gerações antes de Davi — conforme nos é relatado em 2 Samuel 7.

Ao saber que seu filho seria o rei da dinastia de Davi e que Deus escolhera trazer aquele rei ao mundo, através do seu ventre, Maria explica porque precisa "engrandecer" — porque precisa expressar sua gratidão em cântico:

*Pois atentou para a humildade da sua serva.*
  *De agora em diante todas as gerações*
 *Chamar-me-ão bem-aventurada,*
   *pois o Poderoso fez grandes coisas em meu favor;*
  *santo é o seu nome.*

As próximas palavras de Maria anunciam uma voz da camada inferior da sociedade, que finalmente a justiça chegou. Isto significa que os poderes estão sendo subvertidos. Para outros, sentados junto dela à margem da sociedade, suas palavras poderiam significar que Herodes, o Grande, rei de Israel, cujos membros da família tinham sido assassinados, que tinha sobretaxado Israel além de suas possibilidades, seria destronado. Leia estas palavras com um dos seus olhos no tirano Herodes:

*A sua misericórdia [de Deus] estende-se aos que o temem, de geração em geração.*

> *Ele realizou poderosos feitos com seu braço;*
> *dispersou os que são soberbos no mais íntimo do coração.*
> *Derrubou governantes dos seus tronos,*
> *mas exaltou os humildes.*
> *Encheu de coisas boas os famintos,*
> *mas despediu de mãos vazias os ricos.*
> *Ajudou a seu servo Israel lembrando-se da sua misericórdia*
> *para com Abraão e seus descendentes*
> *para sempre como dissera aos nossos antepassados.*

Quando Maria declarou que Deus "derrubou governantes dos seus tronos", qualquer um que escutasse teria percebido as implicações para Herodes, o Grande, e para Roma. Quando ela anunciou que Deus tinha "despedido de mãos vazias os ricos", os ouvintes poderiam ter pensado em Herodes, o Grande, e aqueles que se beneficiavam dos impostos elevadíssimos. Ao proclamar que Deus "exaltou os humildes" e "encheu de coisas boas os famintos", os seus ouvintes poderiam ter voltado sua atenção para os pobres como ela própria. Se Maria tivesse cantado este cântico entre os camponeses de Nazaré, eles teriam feito um brinde e gritado "Aleluia" e "Amém"!

Estavam contados, os dias de Herodes, dos impostos sobre Israel, da ostentação das suas leis e da paisagem de Israel cheia de santuários pagãos. Maria já estava anunciando a justiça como uma realidade.

O *Magnificat* foi para o mundo de Maria o que a canção "We Shall Overcome" (Havemos de Vencer) foi para a comunidade afro-americana nos EUA, nos anos 1960–1970. Lembro-me quando em 1970, ao participar de uma assembleia com todos os estudantes do Ensino Médio, em meu colégio, o momento em que os estudantes afro-americanos juntaram-se para cantar esta canção: Foi amedrontador e emocionante. Foi um acirrado protesto, assim como uma determinação de acabar com qualquer injustiça social, quando aqueles estudantes cantaram ousadamente estas palavras:

Nós venceremos,
nós andaremos de mãos dadas,
nós todos seremos livres,
nós não temos medo,
nós não estamos sós,
o mundo inteiro está ao nosso redor,
nós venceremos.

O *Magnificat* de Maria era uma canção *desse* mesmo tipo. Você pode cantarolar o Cântico de Maria em cada entardecer ou cantá-lo em alta voz durante o Advento, mas não esqueça que as suas palavras poderosas despertam um sentido de grupo e reavivamento maior que os planos de leitura das Escrituras, feitas pelos piedosos.

## *O caráter de Maria*

Se era assim mesmo o cântico de Maria, então, a imagem que temos dela precisa de um aprimoramento. Precisamos uma Verdadeira Maria em versão atualizada. Quando pensamos em Maria, a primeira coisa que deveria vir à nossa mente é o tipo de coragem que encontramos em contestadores militantes — e se fizermos uma leitura contextualizada do *Magnificat*, podemos imaginar

Maria como alguém resistente, espirituosa, decidida, corajosa e audaciosa. Talvez devêssemos chamá-la de "A Bem-Aventurada Corajosa Maria" ao invés de "Bem-Aventurada Virgem Maria". Muitos pensam que ela era delicada, nós, ao contrário, devemos pensar nela como uma pessoa persistente. Alguns acham sua canção uma esplêndida peça de espiritualidade que poderia fazer parte do conteúdo de um hinário de banco de igreja, mas em vez disso, seu cântico pode ficar junto às canções socioespirituais de protesto contra governantes injustos.

Maria de fato, era uma pessoa santa, piedosa e humilde — tudo isto aparece quando ela diz "que aconteça comigo". E o *Magnificat* expressa a profunda sensação de ser obra de Deus, para a glória de Deus. Mas aquela menina, serva de Deus tinha mais do que uma vida espiritual pessoal exemplar. Se aprendermos a olhá-la através do *Magnificat* nos tempos de Herodes, era como um tigre esperando pelo momento quando o Messias de Deus seria liberto. Esta mulher de fé esperava pelo dia quando Herodes, o Grande, encontraria seu fim e Deus designaria o verdadeiro rei davídico — como fora predito no livro de 2 Samuel 7 — e restabeleceria para sempre a dinastia de Davi em Jerusalém. As notícias divinas recebidas através do anjo Gabriel, de que seu filho seria este rei davídico, era a esperança singular que ela e muitos outros desejavam ansiosamente.

Maria deve ter perguntado a Deus. "Por que demorou tanto?"

## O Deus de Maria

Às vezes, esquecemos sobre a onipresença de Deus no cântico de Maria. Aqui está a lista do que Maria foi inspirada a dizer sobre

Deus, que estava invadindo a terra para desnudar a injustiça e ao mesmo tempo restaurar a misericórdia, a paz e a justiça ao Seu povo.

"Pois o *Poderoso* fez grandes coisas em meu favor;
Santo é o *seu* nome.
A *Sua* misericórdia estende-se aos que o temem.
*Ele realizou* poderosos feitos com seu braço.
*Dispersou* os que são soberbos.
*Derrubou* governantes de seus tronos.
*Exaltou* os humildes.
*Encheu* de coisas boas os famintos.
*Despediu* de mãos vazias os ricos.
*Ajudou* a seu servo Israel.
*Lembrando-se* da sua misericórdia".

Deus é poderoso, Deus é santo e este Deus também é misericordioso (ao contrário de Herodes). A fé inabalável de Maria na promessa de Deus, dada através de Gabriel, a fez colocar todos estes versos no *tempo passado!* A concepção tinha acontecido há poucos dias, mas a sua convicção era de que *a promessa fora dada como já cumprida.* Os dias de Herodes estavam contados. Os dias de uma nova dinastia davídica haviam chegado!

Maria acreditava que Deus estava prestes a virar a mesa da justiça com o tampo para cima.

## A visão de Maria, a visão de Isaías

Se pensarmos que o *Magnificat* de Maria foi cantado durante o reinado político e social de Herodes (o que normalmente não fazemos), ele poderia ser resumido nestas palavras: "Herodes destronado e Jesus entronizado"! À medida que a vida de fé da jovem Maria se manifesta nos Evangelhos, entendemos que estas esperanças registradas graficamente, de destronar Herodes e entronizar Jesus, darão lugar a um entendimento mais refinado do que o título "Messias" significa. No entanto, neste momento de sua vida, Maria vislumbra claramente uma dinastia davídica terrena, com Jesus sentado no trono em Jerusalém.

Como a verdadeira Maria não pensaria desta forma neste momento de sua vida? No livro de Isaías 11 estão registradas as palavras que descrevem o que os judeus pensavam do reino messiânico:

"Um ramo surgirá no tronco de Jessé [um ancestral de Davi]
O Espírito do SENHOR repousará sobre ele.
Com retidão julgará os necessitados,
  com justiça tomará decisões em favor dos pobres.
Com o sopro de sua boca matará os ímpios.
O lobo viverá com o cordeiro.
Pois a terra se encherá do conhecimento do SENHOR.
Naquele dia as nações buscarão a Raiz de Jessé.
Ele [ ... ] a fim de reunir os exilados de Israel."

Que palavras vêm à sua mente com respeito ao reino davídico? Messias, Espírito de Deus, justiça para o necessitado e pobre, julgamento para os ímpios, paz para toda a criação, salvação para todos, e as tribos dispersas de Israel encontrarão o caminho de casa.

Foi isto que Maria pensou. Suas esperanças eram subversivas.

Note como as palavras de Maria são semelhantes às de Isaías, e como as suas imagens são concretas:

[Deus] é misericordioso com aqueles que o temem.
Ele dispersará os soberbos.
Ele derrubará governantes.
Ele exaltará os humildes.
Ele saciará os famintos.
Ele despedirá de mãos vazias os ricos.

Se você fosse uma mulher pobre do século 1.º d.C., se estivesse faminta e oprimida, se tivesse experimentado as injustiças de Herodes, o Grande, e se levantasse em Jerusalém e anunciasse que os soberbos, os governantes e os ricos seriam arrancados de seus altos postos, provavelmente você seria julgada por traição e condenada à morte por perturbar a "paz".

Se você fosse Herodes ou uma de suas 12 esposas, ou um de seus muitos filhos com esperanças de subir ao trono, você ouviria estas palavras como um ato de protesto, senão de revolução ou rebelião. Até mesmo se você, como Maria, argumentasse com seus acusadores que aquelas palavras vinham diretamente da Bíblia, seria acusada de subversiva por querer que seu filho se tornasse o próximo rei. Você poderia acabar crucificada.

Foi exatamente o que aconteceu com seu filho e foi esta a razão pela qual Jesus foi crucificado, pois Ele tomou as mesmas posições contra líderes opressivos semelhantes e prometeu o mesmo tipo de revolução para o pobre e o necessitado. O Espírito que inspirou Jesus foi o mesmo Espírito que inspirou o cântico de protesto de Maria.

Agora, se olharmos novamente nossos presépios natalinos ou as pinturas e outras obras de arte enfocando Maria, perguntaremos, será que realmente contam a história da verdadeira Maria? Será que nos falam de uma mulher corajosa que enfrentou Herodes nas questões do dia-a-dia? Por acaso, estes assuntos que Jesus enfrentou sugerem que foram os motivos que o levaram à cruz? Será que subjugamos Maria na figura passiva e piedosa da mãe de Jesus? Se assim fizemos, então, precisamos da versão da verdadeira Maria.

À medida que a vida da verdadeira Maria se descortina, vemos que a esperança por uma dinastia davídica com seu filho no trono, sofrerá uma drástica mudança — sem opor-se às mudanças, que todos os discípulos de Jesus experimentarão. Mas neste ponto de sua jovem vida, o coração de Maria se agarra à esperança de Israel por um Messias davídico, o qual substituiria Herodes. Seria injusto com Maria, esperar que ela tivesse algum outro tipo de esperança; pois isto era o que todos, na tradição judaica, esperavam.

# 4

## "E sobre elas refletia em seu coração"
### MULHER DE OUSADIA

*A verdadeira Maria era* uma mulher ousada. Ela era ousada para os poderes *que existiam*, porque predizia os poderes *que viriam a existir*. Ela era perigosa para os poderosos como Herodes e Augusto, imperador de Roma, porque declarava que seu filho havia nascido para ser rei. Sua declaração significava que nem Herodes nem Augusto seriam reis.

Ao invés de ficar sentada, esperando que boas coisas acontecessem em Israel, Maria tomou as rédeas da história para fazê-las acontecer. Isto a tornou uma mulher ousada, com uma missão a cumprir. Como mulher ousada, ela ameaçou a estrutura da sociedade judaica e (por mais difícil que seja medir a profundidade) do Império Romano.

Sua visão a tornou perigosa para os outros, mas também colocou sua vida em perigo. Na verdade, sua visão colocou não somente a sua vida em perigo, mas também a daqueles ao seu redor. Maria irradiava perigo.

## Garotas amáveis não mudam o mundo

"Garotas amáveis não mudam o mundo." Ouvi esta frase pela primeira vez de Lynne Hybels que descrevia seu passado como uma "amável" esposa de pastor. Mas, para mudar o mundo lutando contra a injustiça, a opressão e desnutrição, ela argumentou: "as mulheres precisam tornar-se mais ousadas. Devem libertar-se dos estereótipos passivos e tornarem-se ativas e confiar em Deus para capacitá-las para o bem do reino. Estas coisas não acontecem simplesmente por sermos amáveis."

Parece ser contraintuitivo dizer isto, e faço-o com muito respeito: Maria não era uma menina "amável". Se "amável" significa mansa, suave e do tipo "fique no seu canto", Maria não era assim. De fato, Maria assustava as garotas passivas e amáveis, pois ela era ousadamente ativa. Ao invés de aquietar-se, cuidando somente de si mesma, preocupava-se com Herodes, com César Augusto, e com o ministério de Jesus.

Maria não era uma garota "sem atitude", apesar de a maioria discordar. Quando a questão é — o que cremos sobre Maria, os cristãos protestantes evangélicos são influenciados por três fatores, e cada um deles levam-nos a crer que ela era "amável". Primeiro, lembramo-nos da imagem de Maria apresentada pelos ensinos católicos romanos, onde ela não é somente sem atitude, mas perfeita. Segundo, vemos o belo papel que Maria desempenha nos cultos de natal, com sua presença gentil nos presépios, e seu rosto doce e jovial nos cartões que trocamos na época natalina. Terceiro, descobrimos na história da arte cristã um rosto sombrio, sério, pálido, sem emoção. Juntando esses fatores obtemos uma jovem Maria "amável". É esta a lembrança que nos vem à mente ao pensamos nela.

Com certeza, eu fico perturbado com aquelas estátuas de Maria com rostos sombrios e mantos azuis, aqueles ícones de rosto pálido encontrados em algumas igrejas européias, mostrando Maria com o coração sangrando, jorrando de seu peito.

Aqui está o porquê dessas estátuas me incomodarem tanto: a Maria da Bíblia nunca foi retratada como uma figura de rosto sombrio e sem emoção. Ela era uma mulher vigorosa, forte, cujos olhos brilhavam com fascinante esperança por justiça, cujo corpo evocava uma robusta confiança no Deus que estava prestes a virar o mundo de cabeça para baixo, através do seu filho.

Vimos uma Maria que era uma corajosa e jovem mulher de fé, desejosa de anunciar que os dias de Herodes estavam contados, e os de César Augusto ameaçados. Vemos isto no "evangelho" que era pregado em Roma.

## *O evangelho de Roma*

Quem era Augusto? Para entender sua importância, precisamos compreender que a história de Roma é dividida nitidamente em dois períodos: o da República (510 a.C a 27 a.C.) e o do Principado (27 a.C a 284 d.C.). César Augusto mudou o sistema de Roma de república para principado (ou império romano). Ele fora adotado pelo ditador Júlio César e após a morte deste, ele foi oficialmente declarado deus, e daquele momento em diante César Augusto foi considerado "filho de deus". Ao assumir o poder em Roma, César Augusto terminou com as amargas guerras civis e estabeleceu o que hoje é conhecido como *pax Romana*, a paz de

Roma. Por trazer paz a Roma, Augusto foi considerado seu salvador. A ascensão de Augusto foi declarada por todo o império romano como as *"boas-novas"* (ou o "evangelho").

A história do evangelho fora de Roma era esta: César Augusto, filho de deus, nosso salvador, trouxe paz para todo o mundo.

## *O evangelho dos anjos*

Não foi por acaso, que as mesmas palavras usadas para definir o evangelho do império romano, foram as mesmas palavras que os anjos usaram para definir as boas-novas sobre Jesus. Os anjos anunciaram a Maria e aos pastores as boas-novas de que Jesus, o Filho de Deus, era o Salvador. Isto só poderia significar uma coisa: César Augusto não o era. Que perigo!

Quando Gabriel apareceu na vida de Maria, ele a informou, *"e será chamado Filho do Altíssimo"*. Nove meses depois, quando Jesus nasceu, os anjos apareceram aos pastores perto de Belém e usaram palavras sobre Jesus, o Messias, que indicavam que o nascimento dele era uma ameaça a Augusto. "Não tenham medo", o anjo disse aos pastores. "Estou lhes trazendo boas-novas (ou "evangelho") de grande alegria, que são para todo o povo." O anjo estava falando de Jesus, aquele que traria o verdadeiro evangelho. "Hoje, na cidade de Davi", o anjo seguiu declarando, "lhes nasceu o Salvador, que é Cristo [Messias], o Senhor." E depois sabemos que um coro de anjos cantou sobre o que Jesus traria: "Glória a Deus nas alturas e paz na terra aos homens aos quais ele concede o seu favor." Os pastores ouviram estas palavras dos anjos — e as repetiram a Maria.

Não há dúvida, então, quanto ao perigo que Maria representava para o mundo. Ela conhecia a história deste novo evangelho, a história de um evangelho que flagrantemente contrariava o evangelho de Roma. O filho de Maria seria um desafio ao evangelho de Roma porque, seria seu filho, o verdadeiro Filho de Deus e o verdadeiro Salvador do mundo, aquele que traria o verdadeiro evangelho da paz ao mundo.

## *O evangelho de Maria*

Maria estava no meio destes anúncios. Não podemos duvidar que quando ela ouviu estas palavras do anjo e dos pastores, juntou tudo e concluiu que fora subitamente envolvida na perigosa história de dois reis, que de alguma forma, entrariam em conflito.

*Roma usava quatro expressões para Augusto, os anjos usaram as mesmas quatro expressões para Jesus, mas foi Maria que começou a contar a história que se tornou os nossos quatro evangelhos.* Neste sentido, devemos mais a Maria do que muitos de nós pensamos. Ela é a primeira voz que surge por trás dos Evangelhos que lemos hoje, e por ser essa primeira voz, tornou-se uma mulher ousada.

## *Maria ponderando sobre uma história perigosa*

Aqui está o que devemos considerar mais uma vez: O evangelho de Jesus era uma história perigosa para ser contada. E esta simples pergunta revela o lugar de Maria: Quem foi a primeira pessoa a contar a história do evangelho? Tão logo Gabriel voltou à presença de Deus, Maria correu para a casa de Isabel, a fim de contar-lhe a história de Jesus. Ela foi a primeira pessoa a contar a história do evangelho sobre Jesus. Esta história do evangelho, eventualmente se tornaria nos Evangelhos de Mateus, Marcos, Lucas e João. Se pudéssemos ouvir as primeiras histórias sobre Jesus, as ouviríamos da própria Maria.

Para contar a história de Jesus, Maria, como todos os contadores de histórias, necessitava de três coisas para obter o texto: alguns fatos, uma estrutura e uma narrativa. Maria acumulou fatos mais rapidamente do que qualquer famoso jornalista, e com os fatos ocorridos entre ela e Gabriel — tinha uma estrutura para sua história. Jesus deveria ser entendido como o Messias ou seus equivalentes — Filho de Deus, Filho de Davi, Rei ou Senhor. Maria tinha o Espírito Santo. Jesus eventualmente diria aos discípulos, que o (Paráclito — o mediador, defensor) Espírito Santo, "os ensinaria todas as coisas e os relembraria" e "os guiaria [...] verdade". Maria partilhava deste mesmo Espírito quando começou a contar a história de Jesus aos outros, como relata o evangelho de João 14 e 16.

Lucas destaca que Maria foi a primeira a proclamar o evangelho de Jesus, um detalhe que não nos chama tanta atenção. Depois que os pastores revelaram o que os anjos tinham dito, o evangelho de Lucas nos diz que Maria "guardava todas estas coisas e sobre elas refletia em seu coração".

O que significa dizer, que Maria estava guardando e refletindo? São palavras que no judaísmo significam pensar sobre os acontecimentos da vida de alguém e assim *entender o seu sentido e narrar o que Deus estava fazendo na história*. Refletir não quer dizer se retirar e ficar meditando em silêncio, como podemos muitas vezes usar esta palavra, mas *deliberar para interpretar*. Ao invés de imaginar Maria sentada sozinha num canto meditando quietamente, enquanto todos estavam cantando, dançando e batendo palmas, sonhando com o fim do domínio de Augusto, pense que Maria estava ativamente tentando descobrir o que Deus estava fazendo no mundo.

Maria refletia sobre a história de dois reis: Augusto e Jesus. E ela compôs a história de Jesus em sua cabeça para poder proclamá-la aos outros.

Uma história bem contada é poderosa. Pense no que a ficção pode fazer. O século 19 contemplou a abolição da escravatura nos EUA, não porque o governo decretou que a escravidão era contra os direitos humanos, mas porque Harriet Beecher Stowe juntou alguns fatos nus e crus e, em 1852, escreveu um livro chamado *A Cabana do Pai Tomás*. Esta história despertou os Estados Unidos para o problema da escravidão. O século 20 registrou o fim do apartheid, (sistema de segregação racial) na África do Sul não somente pela exposição da opressão, mas porque Alan Paton, em 1948, reuniu fatos brutais numa narrativa chamada *Cry the Beloved Country* (adaptado para o cinema como Os Deserdados). Ele transformou o apartheid da África do Sul em questão mundial que necessitava de solução urgente. As histórias contadas por Harriet Beecher Stowe e Alan Paton eram perigosas.

O mesmo se aplica à história da vida de uma pessoa, uma biografia — com seus fatos em sequência, estrutura e coesão narrativa. Conte-nos os fatos da vida de uma pessoa, e nós que a leremos, poderemos analisar os detalhes. Coloque os fatos em forma de história, uma biografia, e conheceremos a realidade em que a pessoa viveu. Conte-nos uma história perigosa, uma história que ameaça a estrutura injusta da sociedade e você poderá mudar o mundo. É assim que os evangelhos são.

Sem diminuir a importância do papel dos apóstolos ou dos evangelistas, devemos lembrar que a história agora escrita nos Evangelhos, começa quando Maria iniciou sua reflexão e em seguida relatou a história de Jesus aos outros. Maria não se sentava para escrever um Evangelho. Não temos essas evidências. Maria passava a história oralmente — como o testemunho de uma mãe.

Que história ela contou? A história do evangelho que Maria anunciou foi a perigosa história de que Jesus era Rei e Augusto não o era. A história sobre os dois reis que Maria contou era tão perigosa quanto a imprensa de Gutenberg e o rádio, a televisão e a internet são hoje. Ela foi bem-sucedida ao passar os acontecimentos adiante. Maria conhecia os fatos e começou a recontar a história de Jesus, que agora lemos nos Evangelhos.

O perigo rondando Maria e Jesus estava prestes a tomar um rumo ainda mais sério. Quando tudo terminasse, Maria se tornaria uma testemunha singular de tudo que Deus estava fazendo em Israel através de seu filho. Não somente o perigo iria aumentar, mas também a história de Maria estava prestes a tornar-se ainda mais importante.

# 5

# "Onde está o recém-nascido rei dos judeus?"
## MULHER DE TESTEMUNHO

*O que a verdadeira* Maria testemunhou começou a somar-se. Ela ouviu do próprio anjo Gabriel, de José — o que ele ouvira de Gabriel; e de Isabel — o que ela ouvira de Zacarias —, que ouvira de Gabriel —, que ouvira de Deus (não se preocupe que esta corrente não ficará mais longa do que isto). Ela também ouviu dos pastores —, que ouviram dos anjos —, que ouviram de Deus.

O que Maria testemunhou somou-se à promessa de que seu filho estabeleceria a tão esperada dinastia de Davi. Gabriel, como lemos em Lucas 1:32-33, declarou que seu filho "será grande e será chamado Filho do Altíssimo. O Senhor lhe dará o trono de seu pai Davi, e ele reinará para sempre sobre o povo de Jacó; seu Reino jamais terá fim". Estas foram semelhantes as palavras usadas na promessa dada a Davi em 2 Samuel 7.

Estas promessas que Maria testemunhou levaram-na a pensar que Deus logo colocaria seu filho no trono de Davi em Jerusalém, derrotaria os romanos com suas próprias espadas, e os acompanharia até uma estrada de volta a Roma em suas próprias carruagens ou os mandaria de volta à Itália em seus próprios barcos.

Estas foram as conclusões das palavras que ouviu e das visões que testemunhou. Mais ainda aconteceria, pois de maneira alguma seria menos importante, segurar em seus braços um bebê, o resultado de uma concepção milagrosa.

## *A presença de um corpo*

O nascimento de Jesus foi real apesar do que diz o romântico cântico natalino *Num Berço de Palhas*. Note estas palavras:

> *Num berço de palhas*
> *Dormia Jesus,*
> *Um lindo menino*
> *Que ali veio à luz*
> *Num rude presépio,*
> *De noite, em Belém*
> *Enquanto as estrelas*
> *Brilharam além*
> *Acorda o menino,*
> *O gado a mugir,*
> *Mas ele não chora,*
> *Se põe a sorrir ...*

Esta cena é tranquila, pacífica, idílica, vertendo pensamentos cálidos e sentimentos gentis — como uma pintura de Thomas

Kinkade (conhecido por suas telas bucólicas). Tudo o que precisamos é um jato de cores; âmbar e malva e uma lareira crepitante. O gado está mugindo e acorda Jesus com seu doce e encantador rostinho. A música continua, "mas ele não chora". Mas é isto o que um verdadeiro recém-nascido faz — esta é uma atitude do bebê.

Sei que quando o Natal chegar nossa igreja cantará este hino novamente, provavelmente minha voz se unirá a dos outros, no entanto, estas palavras não refletem o verdadeiro nascimento de Jesus.

Aqui está o que possivelmente aconteceu com Maria no nascimento de Jesus. Enquanto José e Maria estavam em Belém, o tempo do parto chegou e porque não havia lugar na "hospedaria", eles acharam outro lugar. A palavra traduzida por hospedaria na maioria das nossas Bíblias, não se refere a um hotel. Por quê? Um vilarejo como Belém não era grande o suficiente para ter um hotel. A maioria dos historiadores atuais acha que eles foram hóspedes em uma casa onde havia duas partes: a acomodação da família (no primeiro piso) que poderia servir de pousada para os viajantes, a qual era às vezes chamada de "hospedaria" e o alojamento dos animais (no térreo), onde estava a "manjedoura".

Seja porque Maria preferiu — por um senso de decência e pureza — mais privacidade para o nascimento; ou porque muitos hóspedes já estavam na "hospedaria", ela foi para o alojamento dos animais no piso térreo para dar à luz. Instalar-se em um daqueles quartos, provavelmente, não foi a mando de alguém rude ou algum proprietário inóspito, mesmo se isso fosse acrescentar mais elementos para uma boa história.

O nascimento de Jesus foi real. Quando Maria deu à luz, provavelmente ela teve uma parteira, pois na tradição judaica, as mulheres cuidavam da saúde de mulheres. Na ausência de uma parteira, José teria feito sua parte, como tal. Provavelmente Maria deu à luz a Jesus, sentada num banco apropriado, com encosto e lugar para agarrar-se, cujo assento tinha formato de meia-lua para que o bebê pudesse escorregar seguramente para as mãos da parteira. Como todas as mães, ela estava com muita dor. A parteira (ou José) teria cuidado do bebê e Maria, do sangue e da placenta. Maria então, de acordo com o Evangelho de Lucas, enrolou o bebê em "panos" para mantê-lo aquecido e seguro, e deitou Jesus na "manjedoura". Pense numa concha de pedra com uma pequena depressão ou (menos provável) num cocho de madeira. Tais coisas não são projetadas para bebês, especialmente aquele bebê tão doce e cativante.

O que interessa é que Jesus teve um corpo de verdade. Para tornar-se realmente humano, Ele teve que nascer, como escreve o apóstolo Paulo em Gálatas 4, *de* uma mulher e não somente *através* de uma mulher. Deus não usou Maria como uma "barriga de aluguel", mas usou o seu DNA. A expressão teológica usada para isto é "encarnação", e o princípio por trás é: O que Deus se torna, Deus redime. Deus tornou-se o que somos — com um corpo de verdade — para que pudéssemos nos tornar filhos dele. É por isso que o corpo terreno e verdadeiro de Jesus é importante para a nossa fé.

Para Maria existia outra questão. Quando ela segurou o pequeno recém-nascido em suas mãos, o bebê era o testemunho da verdadeira realidade da promessa que Gabriel tinha feito nove meses antes. Ela estava segurando a promessa que se tornara realidade. O corpo do bebê que ela segurava provava-lhe que o que Deus dissera realmente iria acontecer.

Para os teólogos, a grande questão sobre o nascimento de Jesus é a "encarnação", Deus tornou-se verdadeiramente carne, humano. Porém, para Maria o nascimento de Jesus era a "coroação". Duvido que Maria tenha pensado nos termos que os teólogos usam hoje, e que ela tenha se perguntado se seu filho era Deus e humano ou era o Deus-Homem, ou como Sua natureza e pessoa se relacionavam. Este assunto é para discussão teológica. Para a verdadeira Maria, aquele corpo vivo chamado Jesus, podia ter sido um pequenino corpo humano ainda por crescer, inquieto, mas era o testemunho inquestionável de que Deus poderia operar milagres. Se Deus podia tornar uma gravidez a partir de uma concepção milagrosa em um parto verdadeiro, então, a promessa de que seu filho seria o rei davídico no trono de Israel, também seria cumprida. E o que aconteceu depois lhe provou isto.

## *O testemunho dos magos*

O evangelho de Mateus 2 nos relata que magos do oriente vieram à casa de Maria para adorar Jesus, dando-lhe presentes extravagantes. Originalmente, a palavra *mago* se referia a uma casta de sacerdotes da Pérsia, mas o termo também adquiriu o significado de "mágico" ou "astrólogo". Os magos eram muito conhecidos e respeitados nas tradições dos gentios, por sua capacidade de interpretar sonhos. Maria surpreendeu-se com a vinda dos magos, seguindo uma direção cósmica, pois eles eram sempre censurados na Bíblia por imiscuírem-se nos mistérios que pertenciam exclusivamente a Deus.

É difícil saber o que Maria pensou. Quando os magos ofereceram seus presentes ao seu filho Messias, será que ela pensou que a ação deles seria uma indicação de que a astrologia e a magia estariam chegando ao fim? Ou pensou que este era mais um acontecimento extraordinário na lista de coisas que tinha testemunhado recentemente? Ou será que sua mente estava em sintonia com as muitas passagens do Antigo Testamento onde os gentios correriam para Jerusalém para adorar o Deus de Israel quando o reino chegasse? Será que estava lembrando-se de Isaías 11, onde lemos que quando o "Messias viesse, ele se ergueria como uma bandeira para as nações; e os povos se reuniriam ao redor dele"? Ou em Jeremias 3: "Naquela época chamarão [Judá] Jerusalém 'O Trono do SENHOR', e *todas as nações* se reunirão para honrar o nome do SENHOR em Jerusalém"? Teria também pensado que estes eram os *gentios* profetizados nas Escrituras, que ofereceriam presentes ao futuro rei de Israel?

Um fato relacionado merece nossa consideração: o Evangelho de Mateus traz os magos em contato pessoal, com nada mais e nada menos, que Herodes, o Grande —aquele que se sentiria ameaçado com a chegada de Jesus, o Messias. Os magos, como relata o evangelho em Mateus 2, foram imediatamente a Jerusalém e perguntaram, "Onde está o recém-nascido rei dos judeus?" Herodes convocou os intérpretes bíblicos para que juntos descobrissem onde o rei messiânico nasceria. Eles lhe informaram que este rei nasceria em Belém, e citaram o livro de Miquéias 5 para provar sua conclusão: "Mas tu, Belém [...] de ti virá o líder que, como pastor conduzirá Israel, o meu povo." Porque os magos sabiam que um rei rival estava agora vivo na Terra de Israel, Herodes, o Grande, sem saber que o futuro rei estava em Belém, "chamou os magos secretamente e informou-se com eles a respeito do tempo exato em que a estrela tinha aparecido". Instruiu então os magos para o avisarem após sua visita, para que ele também pudesse ir adorar o rei. Ao ler em Mateus a história sobre este e os acontecimentos subsequentes, é evidente que Herodes estava mentindo — ele queria saber onde Jesus estava para que pudesse matá-lo e acabar com qualquer rival à sua dinastia.

Fazer a conexão entre os magos e Herodes valida o que Maria declarou no *Magnificat*: Jesus é rei, Herodes, o Grande não é. Quando os magos encontraram Herodes, o Grande, em seu caminho, não se prostraram diante dele. Porém, Maria testemunhou os magos oferecendo presentes ao seu filho, presentes que o rei Herodes talvez esperasse receber. Se você simplesmente considerasse o que Maria testemunhou — anjos declarando que seu filho seria rei, os parentes, e os pastores fazendo a mesma declaração, você chegaria à mesma conclusão de Maria: Jesus seria rei e Herodes, o Grande, não.

Os magos "prostrando-se adoraram" Jesus e então, como lemos em Mateus 2, "abriram seus tesouros" — como se faria para um rei. Deve ter sido uma visão estranha: para começar, além de gentios, eram magos, e tiveram um encontro suspeito com Herodes e os líderes religiosos em Jerusalém, e depois, uma visita inesperada destes magos na casa de José e Maria.

Mas quem eram os verdadeiros magos? "Não temos certeza de quantos magos eram, nem estamos seguros de sua origem (Babilônia ou Pérsia talvez), não temos certeza de que eram reis, contudo, fomos ensinados a cantar *Três Reis Magos do Oriente* na época do natal e nem sabemos ao certo em que local eles visitaram a santa família. Deduzimos que foram três por causa dos três presentes — "presentes de ouro, incenso e mirra". Alguns cristãos primitivos deram-lhes nomes que permaneceram — Gaspar, Melquior e Baltazar. Nem mesmo temos certeza se eles visitaram a sagrada família em Belém, ou dois ou mais anos mais tarde, em Nazaré. O texto de Lucas sugere que eles foram a Belém, e Mateus relata como se tivessem feito a visita imediatamente após o nascimento de Jesus. Realmente não sabemos.

Sabemos que Maria testemunhou os magos gentios chegando à sua casa com presentes para um rei. Como não pensar que isto significava que seu filho teria uma importância além das fronteiras de Israel? Como não pensar que seu filho teria importância até para o trono em Roma? Maria era muito inteligente para não fazer estas conexões. Quando você testemunha tais maravilhas as coisas começam a fazer sentido. Há muito mais a ser adicionado antes de ocorrer alguma subtração.

## *O testemunho de uma estrela*

No mundo da antiguidade, era comum correr notícia de que uma estrela apareceria quando um rei nascesse. Um historiador romano do século 1.º d.C., Tácito, disse certa vez, durante o reinado de Nero, que "havia uma crença geral de que a passagem de um cometa significava mudança de imperador". Guiando os magos até a casa de Maria e José uma estrela os conduziu desde o seu país até o lugar exato onde Jesus estava.

Como explicamos a estrela? Alguns sugerem que a estrela apareceu como uma supernova. Outros sugerem que o aparecimento de um cometa entre os anos 12 e 11 a.C. estaria ligado à estrela dos magos. Porém, outros ainda, através de estudos de relatos históricos, supõem que foi uma conjunção planetária de Júpiter, Saturno e Marte. Johannes Kepler estimou que tal conjunção aconteceu no ano 7 ou 6 a.C.. Outros ainda estão mais para o lado dos anjos, achando que esta era uma estrela milagrosa.

Se Maria viu ou não a estrela, ela soube de sua existência através dos magos gentios. Um pequeno corpo recém-nascido, alguns gentios e agora uma estrela — testemunhas do nascimento de seu filho. E a grande nuvem de testemunhas crescia.

## *O testemunho de um anjo*

Tudo se somava à palavra *perigo*. O bebê de Maria era uma ameaça a Herodes, o Grande, e a César Augusto, e agora pessoas de todo o mundo queriam agradecer aos magos as notícias. Maria sabia que logo Herodes estaria procurando seu filho Jesus. O que Maria deveria fazer para proteger seu filho?

É por isso que Deus criou anjos — como Gabriel. Quando encontramos Gabriel pela primeira vez, ele era o anjo mensageiro da concepção. Ele disse a Zacarias que Isabel conceberia, disse a Maria que ela iria conceber e a José, que Maria concebera. Ele também foi o anjo mensageiro do nascimento. Foi ele quem disse aos pastores que Jesus havia nascido. Mas Gabriel (presumimos que seja o mesmo anjo) também foi o anjo mensageiro protetor; que avisou aos magos para não voltarem a Herodes, e retornarem por outro caminho ao seu país.

O anjo então apareceu a José para informar-lhe que, como Mateus 2 relata, "Herodes vai procurar o menino para matá-lo." Portanto, José devia levantar-se, tomar o menino e sua mãe e fugir para o Egito, segundo a instrução do anjo. Durante a fuga para o Egito, Herodes, no encalço do rei recém-nascido — mandou matar os bebês de Belém — um ato consistente com a sua mania de poder. Depois da boa notícia da morte de Herodes (ano 4 d.C.), o anjo mensageiro protetor apareceu de novo a José em sonho, e declarou-lhe que poderia retornar a Nazaré em segurança. E eles fizeram a longa trilha de volta.

Maria testemunhou estes acontecimentos angelicais. No tempo que ela e José retornaram para viver em Nazaré, temos que pensar se Maria estaria perguntando a Deus. "Já não tivemos o suficiente?"

## *Maria como testemunha*

Neste ponto de sua jornada, Maria tinha refletido sobre a história que marchava ousadamente em uma direção. Seu filho governaria de Jerusalém, como o rei davídico, e estabeleceria a dinastia de Davi de uma vez por todas. Da primeira palavra que saiu da boca de Gabriel até a chegada dos magos, tudo acontecia e apontava para uma direção: Jesus seria rei e nem Herodes, o Grande, nem César Augusto o seriam. Maria foi uma testemunha daquelas extraordinárias promessas sobre seu filho, que se tornaria rei. A proteção de Deus sobre a criança contra Herodes, junto com a proteção na sua fuga para o Egito, assegurou-lhe que seu reinado seria protegido também.

Mas o que aconteceu em seguida, levaria Maria a reformular a história de seu filho. Nos próximos capítulos descobriremos uma Maria diferente: uma Maria que lutou às vezes exigentemente, com os detalhes da vida e do ministério de seu filho. Suas lutas, se a seguirmos em seu mundo real, eram também as lutas das pessoas ao redor de Jesus. Em termos bem simples, Jesus não agia como o Messias que eles esperavam, nem ensinava o que Maria e os discípulos esperavam. Maria divergia de Jesus, pois Ele não se conformava à imagem tão clara que ela tinha com relação à vida e ao governo do Messias. Mas isto vai além da nossa história.

Para Maria as coisas estavam prestes a mudar. No quadragésimo dia de vida terrena de Jesus, em Lucas 7 somos informados que José e Maria levaram-no ao templo para um dupla cerimônia: a purificação de Maria e a dedicação de Jesus. No templo, eles encontraram um homem idoso que desafiou Maria a modificar sua história a respeito de Jesus. O que estava começando a ser um emocionante jogo em que as testemunhas iam aumentando estava prestes a tornar-se um jogo de subtração.

# 6

## *"Uma espada atravessará a sua alma"*
### MULHER DE SOFRIMENTO

*Durante o nascimento* de nossa primogênita, Laura, eu desmaiei na sala de parto. Enquanto uma bondosa enfermeira me atendia com uma xícara de café, Kris e as enfermeiras trabalhavam para trazer Laura a este mundo (eu teria que imaginar os detalhes da cena, pois estava caído ao chão). Após retomar os sentidos, fui gentilmente acompanhado a uma sala de espera. Finalmente Kris foi levada de volta ao seu quarto. Logo nos levaram para ver, segurar Laura e conversamos sobre o quanto ela era linda (e ainda é). Já estava amanhecendo, quando fui para casa e deixei minha mulher recuperando-se no hospital. Voltei no dia seguinte e permaneci ao seu redor, ora sentado, ora em pé, admirando a beleza de Laura e conversando antes de retornar novamente à casa. No dia seguinte, se não me falha a memória, levamos Laura para casa com "banda de música" toda a família estava lá para ajudar. Parecia que todas as mulheres sabiam o que fazer, eu com certeza não sabia. Então, como bom pai, assisti a um jogo de basquete.

Aconteceu quase a mesma coisa com nosso filho Lucas, três anos mais tarde, com a diferença de que não desmaiei e assistimos outro jogo. Não fizemos dessa chegada um grande acontecimento, apenas acolhemos o novo membro da família com carinho.

Em nossa igreja, também não tivemos nenhuma cerimônia eclesiástica para nossos filhos. Estávamos numa igreja que não batizava bebês, nem substituía o batismo sacramental pelo Culto de Dedicação de Bebês, quando os pastores oram pelos bebês que choram, enquanto seus orgulhosos pais, avós e parentes se emocionam. Simplesmente começamos a levar nossos pequeninos à igreja.

Era diferente na cultura judaica de Maria e José. As famílias judaicas celebravam várias cerimônias oficiais após o nascimento do primogênito. Entrelaçavam-se três cerimônias distintas: A circuncisão do filho (nesta cerimônia ele recebia um nome), a consagração do primogênito e a purificação da mãe. No livro de Levítico 12:1-4 encontramos as instruções sobre a circuncisão do bebê e a purificação da mãe.

> "Disse o SENHOR a Moisés: Diga aos israelitas: Quando uma mulher engravidar e der à luz um menino, estará impura por sete dias, assim como está impura durante o seu período menstrual. No oitavo dia o menino terá que ser circuncidado. Então a mulher aguardará 33 dias para ser purificada do seu sangramento. Não poderá tocar em nenhuma coisa sagrada e não poderá ir ao santuário, até que se completem os dias da sua purificação."

Lucas 2 nos diz que no oitavo dia, Maria e José fizeram o que a Torá ordenava: Eles circuncidaram seu filho e deram-lhe o nome

"Jesus". Quarenta dias ou mais depois do nascimento a Torá requeria que eles levassem Jesus ao templo de Jerusalém para ser consagrado e Maria, purificada. "Consagre a mim todos os primogênitos", o Senhor diz a Moisés em Êxodo 13:2. "O primeiro filho israelita me pertence, não somente entre os homens, mas também entre os animais."

Para a purificação de Maria, José comprou duas rolinhas. Logo eles as ofereceriam no templo para que Maria pudesse participar novamente na adoração no templo e relacionar-se socialmente. Note-se que José e Maria compraram duas rolinhas. Na lei especificava-se um cordeiro, mas se a família fosse muito pobre para oferecer um cordeiro, poderia substituí-lo por duas rolinhas. Catherine Clark Kroeger, uma americana estudiosa do Novo Testamento observa: "Um dos mistérios, com os quais Maria tinha que lidar, era o contraste entre as promessas grandiosas relacionadas ao seu filho e as circunstâncias empobrecidas que cercaram seu nascimento." Que a mãe do futuro rei estivesse oferecendo um sacrifício de pessoa pobre, deve ter sido uma ironia bem palpável para Maria. Ela sentia-se como se tivesse sido abatida por um raio em seu caminho para o templo para dedicar Jesus e purificar-se.

### *Glória diante do sofrimento*
Tão logo Maria cruzou o portal do templo, um idoso, chamado Simeão, tirou-lhe o menino dos braços e bradou um clamor de alívio, uma declaração e uma profecia. (Mais tarde, José e Maria dariam este nome a um de seus filhos — Simeão. Será que estavam homenageando este Simeão ou um dos chefes das 12 tribos de Israel, ou a ambos?)

As palavras de Simeão encontradas em Lucas 2:29-32 são frequentemente chamadas *Nunc Dimitis — Cântico de Simeão*, devido à tradução das duas primeiras palavras em latim. Suas palavras imediatamente confirmam o que José e Maria sempre creram sobre Jesus: que Ele se tornaria o rei de Israel. (Leia estas palavras bem devagar).

> "Ó Soberano, como prometeste, agora podes despedir em paz o teu servo. Pois os meus olhos já viram a tua salvação, que preparaste à vista de todos os povos: luz para revelação aos gentios e para a glória de Israel, teu povo."

Simeão anunciou ousadamente que o filho de Maria traria não só conforto para Israel, mas também redenção e paz para o mundo inteiro. Como bom orador, Simeão começou com a glória antes de mencionar a dor.

## O caminho da aflição

O que Simeão disse em seguida desencadeou um vagaroso e metódico processo de diminuir as expectativas que Maria tinha em mente sobre o reino do Messias: a dinastia de Davi seria menor e diferente do que ela esperava.

Considero as próximas palavras como o momento decisivo na vida de Maria. Até este momento, a visão que Maria tinha deste reino era tradicional e triunfante. Mas ao usar a imagem simples de uma espada, Simeão revelou que a teoria triunfante e tradicional da dinastia davídica, não era a história toda. As palavras de Simeão revelaram que o triunfo de Davi viria, não através de uma vitória militar, mas através da morte na cruz. Reflita sobre estas palavras.

As palavras de Simeão descortinaram um futuro agourento para José e Maria: *Este menino está destinado a causar a queda e o soerguimento de muitos em Israel, e a ser um sinal de contradição, de modo que o pensamento de muitos corações será revelado. Quanto a você, uma espada atravessará sua alma* (Lucas 2:34). Simeão anunciou que a futura glória do rei viria através de dor e sofrimento. Com a imagem de uma espada, Simeão anunciou a cruz, que subtrairia da visão de Maria a ideia da coroa, e rasgaria pela metade a trama da história que Maria estava tecendo.

Não podemos ser justos com a verdadeira Maria se não observarmos sua vida e como ela se desenrola. É fácil pensar em Maria em termos simples e piedosos — uma Maria que sabia que seu filho era o Filho de Deus ou uma Maria para quem cada profecia e acontecimento tinha o seu próprio significado. Mas esta não é a verdadeira Maria, nem a Maria que encontramos nos Evangelhos.

O que ela ouviu de Simeão a deixou atordoada. Tudo o que ela tinha ouvido dos anjos, de José, dos parentes, dos pastores e dos magos gentios sugeriam um tipo vitorioso de Messias, o tipo de Messias que todos aceitariam como a esperança de Deus para Israel. Simeão profetizou que o filho de Maria seria rei de Israel. Porém, este filho-rei também seria rejeitado e difamado, e seria o centro de uma controvérsia. Maria era a mãe do Messias. No entanto, uma "espada" atravessaria a sua alma. "Uma espada?" ela deve ter perguntado. Os historiadores têm fez tudo o que está ao seu alcance, dentro das possibilidades oferecidas pela Bíblia, para atingir alguma conclusão sobre o que Simeão quis dizer com a palavra "espada".

A maneira mais simples de explicar o que Simeão disse a Maria é ir diretamente às palavras de Jesus em Mateus 10:34-36, porque suas palavras usam a metáfora de uma espada: *Não pensem que vim trazer paz à terra; não vim trazer paz, mas espada. Pois eu vim para fazer que o "homem fique contra o pai, a filha contra sua mãe, a nora contra a sogra; os inimigos do homem serão os da sua própria família."* (Vale a pena ponderar se Jesus já tinha ouvido sua mãe empregar a metáfora da espada. quando ela lhe contou o que Simeão lhes dissera no templo. Seria possível que Maria não tivesse dito a Jesus sobre as palavras de Simeão?)

O que Simeão quis dizer com "espada" pode se resumir a quatro sentenças simples:

Jesus será rei.
Como rei Ele julgará a nação.
Mas Jesus será rejeitado.
Maria também sofrerá.

As palavras de Simeão significavam que a tão esperada queda de Herodes, o Grande, e a derrocada de César Augusto custaria um alto preço — para seu filho e para si mesma. Seu filho nasceu para ser rei, mas a coroa que ele usaria seria a cruz. A história que Maria estava aprendendo a contar sobre Jesus, teria que ser mudada.

Deixe-me fazer uma pergunta para nos ajudar a considerar como foi para Maria ouvir as palavras de Simeão. Como você se sentiria se estivesse deixando o hospital após o nascimento do seu bebê ou saindo da igreja após a sua apresentação ou batismo, um idoso desconhecido tomasse o bebê de seus braços e com um sorriso no rosto, começasse a enaltecer a grandeza de seu filho? (Você se sentiria maravilhada, orgulhosa e honrada?) E se meses antes do seu parto, anjos e familiares tivessem lhe dito que seu filho seria o próximo governante do mundo? (Você ouviria as palavras deste velho homem como um veredito?) E se, com uma mudança súbita em sua fisionomia, o velho homem olhasse em seus olhos e declarasse que seu filho seria desprezado e rejeitado, e que seu filho seria fonte de muita dor para você? (Você ficaria aturdido e paralisado? Você começaria a ponderar e a preocupar--se?) Maria experimentou isto e muito mais naquele dia no pátio do templo.

## *O retorno e a dor*

Após o breve encontro com Simeão, Maria e José, deixaram o templo e voltaram para casa. A viagem de Belém para Jerusalém foi cheia de alegria; a viagem de volta para Nazaré foi uma mistura da alegria de estar com o bebê nascido para ser rei, com o silêncio taciturno ao ponderar sobre o rei que seria crucificado. Foi para isso que Maria dedicou seu filho quando ela e José o levaram ao templo? Maria meditava no que ela tinha descoberto sobre Jesus. Ela fora ao templo como a Torá exigia, mas saiu do templo não pensando tanto sobre as exigências da Torá, mas sobre aquele que foi anunciado pelos profetas. O que eles tinham dito a respeito do Messias? Tinham profetizado sobre a espada de Simeão? Ela encontraria as respostas observando seu filho.

O lampejo da espada profetizada por Simeão era o princípio do sofrimento para Maria. Ao acompanharmos Maria em sua jornada com Jesus veremos como era difícil, não só para ela, como para todos que o amavam e o seguiam, juntar as partes da estranha história que a vida de Jesus contaria. Os Messias e as cruzes não se misturavam na teologia judaica que Maria conhecia. A estrutura da sua fé e tradição contradizia com o que ouvira de Simeão e do que veria na vida de Jesus.

Naquela mesma área do templo, 12 anos mais tarde, onde Simeão falou sobre a misteriosa espada, Jesus daria a Maria e José mais uma indicação de que Sua vida não seria o que eles esperavam. Eles entenderiam que o Filho de Deus, ouvia o coração de um Pai (e mãe) diferente. Maria, então, aprenderia a seguir seu filho.

# 7

## *"Na casa de meu Pai"*
### MULHER DE PONDERAÇÃO

*Nos Estados Unidos* comemora-se o dia da Independência no dia 4 de Julho. Provavelmente a maioria dos americanos não passa o dia pensando na história do país, no rei George III da Inglaterra, e na Festa do Chá de Boston de 1773; nem pensam muito sobre a separação entre a igreja e o Estado. A maioria pensa na família, no piquenique e no churrasco que farão. Kris e eu normalmente caminhamos até a quadra de basquete do colégio local, onde encontramos um bom lugar junto às centenas de outras pessoas, para colocar nossas cadeiras e assistir ao show de fogos de artifício.

Não começo o meu dia pensando na Declaração de Independência de 1776 ou no significado da liberdade. Na verdade, se for honesto, 4 de Julho tem pouco a ver com "independência" ou "libertação" em minha vida. É só um feriado para passar com a família. Por quê? Eu acho natural a nossa liberdade, e não digo isto de forma leviana, mas honestamente.

Imagine comigo: se — e aqui começa uma série de grandes e hipotéticos "ses" — o país Estados Unidos hoje livre, fosse capturado por um país estrangeiro, e se fosse forçado a agir de acordo com um governante estrangeiro, *e se este governo permitisse celebrar o dia da Independência,* suponho que a percepção sobre o 4 de Julho mudaria. Os americanos poderiam reunir-se, e juntos, publicamente, leriam a Declaração de Independência e poderiam orar a Deus pedindo que lhes concedesse novamente a liberdade. Ao invés de não valorizarem a liberdade, estariam ansiando por ela.

A Páscoa era isto para José, Maria e Jesus. Roma ocupava a terra e um governador gentio — chamado Copônio — governava, não obstante, Roma permitia que Israel celebrasse o equivalente judaico ao dia da Independência, a Páscoa — um feriado designado para evocar as memórias da libertação. Israel juntava-se em família e o pai contava a história da Páscoa. A comemoração encorajava o povo de Israel a sonhar sobre sua independência e libertação e não havia outros pais com sonhos mais profundos de libertação, do que os pais de Jesus. No último dia de tal celebração de Páscoa, Jesus revelou algo sobre Si mesmo, que fez Maria perguntar-se, quem realmente seu filho era e que tipo de libertação traria.

## *Meditando durante a Páscoa*

A Páscoa promovia uma deliciosa comunhão de família, renovava relacionamentos sociais com judeus de toda a terra e evocava memórias sagradas da libertação da escravatura. José e Maria observavam fielmente a Páscoa, pois Lucas nos diz que eles iam "todos os anos" a Jerusalém para a celebração. A cada ano eles renovavam a comunhão com os parentes de Maria, Isabel e seu esposo Zacarias (enquanto viveram) e Jesus visitava parentes como João, o futuro Batista, assim como seus primos Tiago e João, futuros apóstolos. Eles provavelmente saiam juntos em Jerusalém, de modo que quando Jesus veio a Jerusalém para a Última Ceia, Ele e os outros conheciam muito bem a cidade.

O tema central da Páscoa era politicamente sensível: *libertação*. As celebrações da Páscoa, agora conhecida por nós através da Páscoa dos judeus *Seder*, representava fisicamente a libertação dos filhos de Israel da escravidão no Egito pelas mãos do mais poderoso governante da época, Faraó. Este tema acendeu a chama da suspeita e o temor dos marionetes reis de Roma em Israel ao mesmo tempo em que inflamou as esperanças daqueles judeus que sofriam sob o jugo romano. A Páscoa fazia os israelitas *ponderarem* sobre a libertação, lembrar e sonhar com a liberdade do passado e futura libertação de Israel.

Para Maria especialmente, a Páscoa era uma oportunidade para meditar sobre a libertação prometida que seria trazida por seu filho. Tudo o que ela tinha testemunhado indicava que seu filho traria essa libertação — e nenhum acontecimento na história de Israel evocava esta libertação, como a Páscoa. José e Maria devem ter piscado um para o outro quando ouviram outros israelitas ansiando por libertação, ou mesmo, quando escutaram especulações sobre quem seria o próximo governante de Israel. Eles devem ter se perguntado como seria o reinado de seu filho e Maria logo começaria a se questionar que tipo de filho seria Jesus.

## *Procurando o filho que se perdera*
O livro de Lucas 2:41 relata que Jesus tinha 12 anos quando participou da Páscoa com José e Maria: "Todos os anos seus pais iam

a Jerusalém para a festa de Páscoa. Quando ele completou doze anos de idade, eles subiram à festa conforme o costume." Por que Lucas nos diz que Jesus tinha "12" anos? Será que esse foi o jeito de Lucas indicar que esse foi o dia do *bar mitzvah* de Jesus, o dia que Ele se tornou um "filho da Torá", o dia em que Jesus liberou-se de seus pais para tornar-se um adulto? Pelo que sabemos através dos relatos históricos, a cerimônia do *bar mitzvah* não se desenvolveu oficialmente, até centenas de anos após a vida de Jesus. Porém, se foi ou não a tradicional experiência de *bar mitzvah* de Jesus, nessa Páscoa, Jesus se apresentou claramente como um homem adulto, liberando-se momentaneamente de Seus pais e familiares, e Seu comportamento fez cada um pensar sobre que tipo de pessoa seria Jesus.

Podemos também ponderar sobre algumas coisas. Quando penso nos meninos de 12 anos de hoje e tento compará-los com Jesus no templo nessa mesma idade, simplesmente não consigo! Chego a pensar no título do hino *Quão Grande És Tu*. Os garotos de 12 anos que conheço se preocupam com o que aparentam ser, eles querem parecer-se uns com os outros e não com seus pais e professores. Eles se preocupam se devem usar sandálias ou tênis de marca quando vão ao shopping, se seus jeans também são de marca, se os outros perceberão suas espinhas e se eles têm um celular de última geração. Ainda jogam bola na rua e andam de bicicleta, e suas vozes estão começando a mudar de tom. Fui treinador de meninos de 12 anos e a melhor coisa a seu respeito é que não permanecem com essa idade para sempre!

Quando Jesus tinha 12 anos, José, Maria e seus familiares vieram em caravana de Nazaré a Jerusalém para a Páscoa. As caravanas algumas vezes incluíam 100 membros da família ou mais.

Depois de uma semana, quando a caravana voltou para Nazaré após as celebrações da Páscoa, Jesus permaneceu no templo. O grupo de viajantes era tão grande e livre para os meninos, que Maria e José não notaram a falta de Jesus até o final do primeiro dia de viagem. Quando descobriram que seu filho estava perdido, Maria deve ter sentido a sua ausência como só a mãe de uma criança perdida consegue sentir. A caravana já estava bem distante de Jerusalém. Maria e José procuravam-no entre os amigos, e não encontrando Jesus, iniciaram a árdua tarefa de retornar a Jerusalém. Isto lhes custou mais um dia de viagem. Lucas nos relata que eles levaram mais um dia vasculhando Jerusalém e seus arredores antes de achá-lo sentado entre os mestres no pátio do templo, fazendo perguntas e dando respostas.

Observe que no Evangelho de Lucas, neste ponto, a história muda seu enfoque para Maria. Maria (não José) bruscamente perguntou: "Filho, porque você nos fez isto? Seu pai e eu estávamos aflitos à sua procura?" Muitos de nós sabemos o que se sente quando perdemos um de nossos filhos numa visita ao zoológico, num grande parque ou num jogo de futebol. Nossos corações ficam aterrorizados até reencontrá-los. O terror pode durar apenas um minuto, mas sua realidade queima profundamente o nosso coração temeroso. Às vezes, até usamos palavras duras com nossos filhos.

Como você acha que Maria se sentia após um dia de viagem para o norte, uma longa viagem de retorno a Jerusalém e outro dia inteiro vasculhando Jerusalém à procura de Jesus? Maria declarou que eles estavam "aflitos" procurando por Jesus, e usando esta palavra, Maria expressou o crescente temor de sua parte, de que tivessem perdido seu filho messiânico. Todos nós podemos compreender a aflição de Maria e também nos solidarizarmos com ela ao ouvir a resposta que Jesus lhe deu. O que Jesus lhe disse, a fez questionar-se sobre que tipo de libertação Ele tinha em mente.

### *Meditando sobre quem era o "Pai" de seu filho*

"Por que vocês estavam me procurando?" Lucas 2:49 afirma que Jesus perguntou. "Não sabiam que eu devia estar na casa de meu Pai?" Estas duas perguntas de Jesus revelam Sua surpresa com as palavras e a preocupação de Sua mãe por Ele. Não é difícil imaginar o que Maria pensou quando ela ouviu aquelas palavras. O que você diria a seu filho que se perdera e depois de três dias de busca incessante e murmúrio fora achado? O que você diria se seu filho, em resposta, fizesse as perguntas que Jesus fez? Eu sei o que eu diria e estou bem certo que sei o que minha esposa diria (preencha você as lacunas). Era bem isso que Maria quis dizer, mas havia algo muito forte a respeito do que Jesus disse, algo surpreendente e algo que fez Maria refletir.

A segunda pergunta de Jesus foi, "Não sabiam que eu devia estar *na casa de meu Pai?*" "Na casa de meu Pai." O que esta expressão significou para a verdadeira Maria que sabia que Jesus não estava falando de José? Nesta pergunta Jesus revelou quem Ele era: Ele disse a Maria que Deus, o único Deus de Israel, era genuinamente Seu Pai. E Seu relacionamento com *este* Pai era diferente de qualquer relacionamento que Ele tinha na terra. Jesus, aos 12 anos, deixou claro que Seu relacionamento com Sua mãe era subordinado ao Seu relacionamento com Seu Pai.

Quando Maria ouviu estas palavras de Jesus, ela vislumbrou momentaneamente o novo relacionamento que ela teria com seu filho — e aquela visão fez Maria refletir.

Precisamos voltar ao que Maria viu quando ela chegou ao templo. Jesus estava *sentado*, conforme o Evangelho de Lucas, no pátio do templo cercado de mestres judeus. A postura de "sentar-se" no mundo dos mestres do templo, na tradição judaica, descrevia tanto um estudante que *ouvia* o seu rabi, como um rabi que *ensinava* os alunos ao seu redor. Lucas nos diz que Jesus estava sentado, ouvindo, perguntando e respondendo. Mais importante, Jesus estava no centro de um grupo de estudiosos das Escrituras e sábios teólogos. O Evangelho de Lucas relata que "todos os que o *ouviam* ficavam maravilhados com seu entendimento e com suas respostas." As palavras "ouviam" e "respostas" revelam o que estava acontecendo e Maria testemunhou isto. A postura de Jesus não era de um estudante que *ouvia*, mas Ele assumiu a postura de *ensino* — os líderes estavam *ouvindo* Jesus quando Ele tinha 12 anos de idade.

Ao meditar sobre aquele incidente — Maria deve ter levado algum tempo para entendê-lo — ela naturalmente ligara Jesus às profecias do Antigo Testamento, talvez até mesmo àquelas que falam do Messias, Isaías 11, um texto que os judeus sempre relembravam quando pensavam no reino e no Messias:

Um ramo surgirá do tronco de Jessé, e das suas raízes brotará um renovo.
O Espírito do Senhor repousará sobre ele,
    o Espírito que dá *sabedoria e entendimento,*
    o Espírito que dá conselho e poder,
    o Espírito que dá conhecimento e temor do Senhor.
E Ele se inspirará no temor do Senhor.

O que Jesus estava fazendo no templo suscitou uma expectativa comum aos judeus de então: quando o rei messiânico viesse livrar Israel de seus inimigos, Ele seria cheio do Espírito de Deus e de sabedoria. Naquele dia ao encontrar Jesus sentado no templo, Maria, mesmo que tenha levado algum tempo para compreender, teve a certeza que seu filho era o Rei Messiânico da Sabedoria. Note que Ele estava rodeado de ouvintes — e isto antecipa um tema que será esboçado na próxima fase da vida de Maria quando ela, como mãe, aprenderá a tornar-se uma discípula de seu filho.

No mesmo lugar onde Simeão tinha feito suas profecias sobre o Messias destinado a sofrer, Jesus corajosamente anunciou Sua *vocação*: Ele fora dedicado ao Pai naquele templo, e aos 12 anos revelou que Sua missão era servir aquele Pai. Quando Jesus disse que tinha que estar "na *casa* de Seu Pai", Ele declarou que era Filho do Pai e que aqueles que o seguissem poderiam tornar-se membros da *casa* de Seu Pai. O livramento que Jesus traria — e os próximos capítulos mostrarão isto — começaria não com uma espada, mas com um círculo de seguidores, um círculo que cresceria até tornar-se a Igreja. O livramento começaria quando pequenos grupos se juntassem para fazer da liberdade uma realidade.

A história que Maria tinha construído em sua mente sobre quem era Jesus e como sua vida messiânica seria, estava mudando. Foi neste momento, quando Jesus tinha 12 anos que Maria começou a perguntar-se a si mesma se realmente conhecia seu filho. Maria ouvira as palavras de Gabriel sobre Jesus e também as de Isabel. Maria participara nas introspecções proféticas que expressou no *Magnificat*, ela ouvira o que os pastores e os magos disseram e ouvira as palavras de Simeão sobre a espada que atravessaria a sua alma. Até aquele momento, todas as indicações demonstravam uma queda triunfal dos descendentes de Herodes, o Grande, Herodes Antipas e César Augusto — exceto por aquelas palavras finais de Simeão. Agora, as palavras de Simeão revelaram a realidade nua e crua: Jesus declarou que sua missão tinha maior importância do que Seu relacionamento com Sua mãe e pai. Seria esta a espada que Simão dissera que atravessaria o coração de Maria?

O que Maria vislumbrou no templo naquele dia será concluído nos próximos dois capítulos deste livro. A impressão de Maria quanto ao reino como dinastia de Davi, teria que dar lugar ao reino como um novo tipo de família e o centro desta nova família não seria José e Maria, mas Jesus, o Senhor, o Filho do Pai.

# 8

# *"Façam o que Ele lhes mandar"*
## MULHER DE RENDIÇÃO

*O primeiro dos 10 Mandamentos* no livro de Êxodo 20:3 ordena, "Não terás outros deuses além de mim". O Quinto Mandamento ordena, "Honra teu pai e tua mãe, a fim de que tenhas vida longa na terra que o SENHOR o teu Deus te dá." Porém, às vezes, honrar a Deus e aos pais pode gerar conflitos. Pelo menos uma vez em cada semestre, tenho este tipo de diálogo com algum aluno, Estudante: "Eu quero me especializar em Estudos Bíblicos e Teológicos." Sempre faço a seguinte pergunta: "Que especialização seus pais acham que você deveria escolher?" Estudante: "Algo na área de administração. Meus pais acham que se eu escolher estudos bíblicos e teológicos ficarei desempregado." Após sugerir não ser impossível conseguir um emprego com esta graduação, como alguns acham, pergunto: "No que você quer se graduar?" Estudante: "EBT".

Questiono novamente, "Por quê?" E o estudante invariavelmente responde, "Porque acho que Deus quer", e me pergunta:

"O que o senhor acha que devo fazer?" A minha resposta padrão é: "Acho que você deve fazer o que Deus quer para você. Mas, também acho que deve conversar sobre isto com seus pais." Digo isto porque creio que devemos fazer aquilo que Deus quer para nós, para honrar nossos pais, pois assim cumpriremos o Primeiro e o Quinto Mandamento. Porém, muitas vezes, cumprir os desejos de Deus não coincide com os desejos de nossos pais.

O que quer dizer "honrar" os pais de acordo com o Quinto Mandamento? O que significava honrar os pais para Jesus, José e Maria? Honrar no judaísmo daquela época era o direito que os pais (José e Maria) tinham de exigir que seu filho (Jesus) *demonstrasse respeito* por eles em privado e em lugares públicos. Assim como os pais amam e cuidam de seus filhos, os filhos devem honrá-los, por este amor e cuidado. Em privado, como filhos homens — incluindo Jesus — maduros, eles deveriam liberar-se de seus pais de uma maneira que não os humilhasse, nem os empobrecesse. Com pais idosos, como José e Maria, os filhos e filhas israelitas deveriam honrá-los provendo-os em suas necessidades.

Vivemos num mundo diferente, a cultura ocidental é um mundo de *direitos*. Ao invés de focalizar na honra, a sociedade americana tem leis planejadas para proteger o *direito* das pessoas. Ao contrário, na cultura da sociedade judaica antiga, o enfoque era no *dever*. A questão operacional que todos perguntavam o tempo todo era, "Como *devo* me comportar considerando meu status na sociedade?" Ao contrário das perguntas feitas em nossa sociedade "O que quero fazer?" ou "Quais são os meus direitos?", a sociedade judaica de Maria perguntava "O que *devo* fazer?" ou "O que a *minha cultura* espera que eu faça?" Sendo direto, se Jesus coordenasse o Seu comportamento com o código cultural, Ele traria honra para Deus, para Maria e para Sua família, para Sua sociedade e para Si mesmo — precisamente nessa ordem. Na tradição judaica da antiguidade, se Jesus escolhesse não ajustar Seu comportamento com o código cultural, Ele desonraria Maria, Sua família, a sociedade e a Si mesmo.

O Quinto Mandamento, de honrar os pais, moldava quase tudo na sociedade judaica, mas às vezes, ele se opunha ao Primeiro Mandamento, de não ter outros deuses além do Senhor. Aos 12 anos, Jesus aparentemente desafiou este código de honra; Ele permaneceu no templo e depois informou Seus pais que para Ele era mais importante estar na *casa de Seu Pai* do que retornar para Nazaré com eles. Jesus estava dizendo que o Primeiro Mandamento — "não terás outros deuses além de mim" — tinha precedência sobre o Quinto Mandamento—"honra teu pai e tua mãe". Esta posição de prioridades pode facilmente fugir do controle, por isso é importante observar que Jesus rapidamente mostrou Seu respeito ao Quinto Mandamento, honrando Seus pais. No final de Lucas 2, somos informados que Jesus "foi com eles para Nazaré, e era-lhes obediente".

Quando Jesus desafiou os limites do mandamento de honrar os pais mais ou menos uns 20 anos depois, nas bodas de Caná, este acontecimento começou a mudança crítica e pública na vida da mãe de Jesus. Ela aprenderia a obedecer seu filho. O que ela deveria enfrentar no dia-a-dia — era que Jesus verdadeiramente, era aquele diante de quem ela não deveria ter outros deuses. Ela descobriria que obedecer ao Primeiro Mandamento, honrar a Deus acima de todas as coisas, significaria render sua própria honra seguindo seu próprio filho! Nas bodas de Caná, a verdadeira Maria aprendeu este tipo de obediência.

## *Desafiando a honra*

Jesus, Sua mãe e Seus discípulos foram convidados para o casamento em Caná, lugar que como Nazaré, era considerado atrasado em comparação a cidade grande de Jerusalém. Eles viajaram quase 13 km, do norte de Nazaré para esta pequena vila de Caná, para a celebração do casamento. Os nomes dos que promoviam a festa não são mencionados no Evangelho de João 2, mas muitos acham que era o casamento de um amigo muito próximo ou de um parente de Maria.

Os casamentos eram megaeventos no judaísmo e seguiam rigorosos códigos de honra. Depois de aproximadamente um ano de noivado, o noivo e seus amigos marchavam pela cidade ao entardecer, até a casa da noiva, onde eles discursavam. Nessa marcha o objetivo era o noivo prometer ser um bom e honrado esposo. Seguindo os discursos, todos participavam de uma marcha pública, à luz de velas, com fanfarra local, muita música e muita dança. O grupo todo ia até a casa do pai do noivo para o banquete e cerimônia de casamento. Dependendo da situação financeira da pessoa, as celebrações de um casamento podiam durar até uma semana.

No casamento em Caná, aconteceu algo que colocou a honra da família em risco. De acordo com os últimos relatos rabínicos, o noivo, cumprindo um código de honra, devia prover bastante comida e bebida para seus convidados. Maria notou que o vinho da festa estava acabando. O porquê de Maria estar preocupada não está claro, mas talvez ela fosse da família, ou a responsável pelo banquete ou talvez porque isso traria risco à sua própria honra. Por alguma razão, Maria decidiu se aproximar de Jesus e falar sobre o que estava acontecendo e disse-lhe, "Eles não têm mais vinho".

De qualquer maneira que expliquemos o fim do suprimento de vinho, a observação de Maria estava cheia da expectativa de que Jesus *resolveria* o problema. Não sabemos o que ela esperava — será que esperava que Jesus fizesse um milagre? Esperava que Jesus informasse aos convidados para que não ficassem alvoroçados? Não sabemos. Deixando os detalhes de lado, é claro que Jesus entendeu que as palavras de sua mãe carregavam um código de honra, ela estava lhe pedindo que cumprisse o Quinto Mandamento, solucionando a provisão do vinho.

Maria esperava que Jesus a honrasse e atendesse seu pedido, mas Jesus estava a ponto de colocar o Quinto Mandamento, de honrar a sua mãe, no devido lugar. Veja o que Jesus diz ao pedido aparentemente razoável de sua mãe, "Que temos nós em comum, mulher?" A resposta sucinta de Jesus encontrada no Evangelho de João 2, nos surpreende. Será que estas palavras envergonharam Maria? Para começar a palavra *mulher*, parece dura para nós, mas a palavra grega usada aqui também poderia ser traduzida ou pelo menos entendida como um sinônimo para *mãe*. Na tradição judaica, os termos mulher e mãe eram permutáveis. Vemos um perfeito exemplo desta permutabilidade no evangelho de João 19:27. Quando Jesus estava na cruz, Ele virou-se para Sua mãe e disse-lhe, "[*Mulher*], aí está o seu filho"; querendo dizer que João cuidaria dela depois de Sua morte. Imediatamente, Ele dirigiu-se a João e disse, "Aí está a sua mãe". No espaço de duas sentenças as palavras "mãe" e "mulher" foram usadas como sinônimos. Se Jesus usou a palavra *mulher* ao dirigir-se a Sua mãe nas bodas de Caná, não era rude nem descortês.

A pergunta que Jesus fez à Sua mãe depois de tê-la chamado de *mulher* — deixou claro que ela havia *invadido* o espaço dele e o plano de Deus para Sua vida. Resumindo, Maria estava interferindo, o tipo de coisa que uma mãe faria com a sua nora. As palavras de Jesus, segundo um mestre da língua grega, foram "educadas, mas firmes para refrear a interferência dela e deixar o problema todo com Ele".

Do ponto de vista de Maria, sua honra estava em jogo, mas havia outro tipo de honra nesta questão e que Maria acolheria. Jesus tinha deixado claro lá no templo quando tinha 12 anos, e por todo Evangelho de João, Ele declarou, que ouvia o Pai como só o Filho pode ouvir. Porque Ele o escutava, como nenhuma outra pessoa, o que Ele fez de melhor trouxe honra para Deus. Observe as palavras que estão no Evangelho de João 5. Para começar, o Filho faz somente o que o Pai faz:

"Eu lhes digo verdadeiramente que o Filho não pode fazer nada de si mesmo; só pode fazer o que vê o Pai fazer, porque o que o Pai faz o Filho também faz" (João 5:19).

De fato, o Pai demonstra ao Filho como fazer tudo.

"Pois o Pai ama o Filho e lhe mostra tudo o que faz. Sim, para a admiração de vocês, ele lhe mostrará obras ainda maiores do que estas. Pois da mesma forma que o Pai ressuscita os mortos e lhes dá vida, o Filho também dá vida a quem ele quer. Além disso, o Pai a ninguém julga, mas confiou todo julgamento ao Filho" (João 5:20-23).

Por conseguinte, Jesus diz que para honrar o Pai, deve-se honrar o Filho! E continua:

"Aquele que não honra o Filho, não honra o Pai que o enviou" (João 5:23).

Para Jesus honrar Seu Pai era o Mandamento Número Um. Mas sendo Jesus o Filho daquele Pai e tudo o que Jesus fazia era o que o Pai o enviara a fazer, honrando o Filho também se honrava o Pai.

A expectativa de Maria de que Jesus se levantasse e fizesse alguma coisa com relação ao vinho, de certa forma gerava conflito entre o que Jesus entendia ser a expectativa do Pai para Ele. Agora não podemos ter certeza de como Maria poderia saber disto, mas esse não é o ponto principal: Jesus desafiou Maria a honrar Deus, o Pai, honrando ao Filho, e honrando a Deus — ela teve que deixar Jesus fazer — o que Seu Pai o enviara a fazer, quando Seu Pai quisesse.

## *Honrando seu filho*

"A minha hora ainda não chegou," Jesus disse a Sua mãe. Estas palavras no Evangelho de João são profundamente importantes para se entender uma nova etapa no relacionamento de Maria com Jesus. A pequena palavra *"hora"* é uma das palavras especiais do apóstolo João. Os leitores de hoje muitas vezes não percebem que: no Evangelho de João a *hora* é o tempo quando Jesus será glorificado *através da crucificação*. Não somente isto: Jesus estava declarando que Ele era o único na terra de Israel que sabia quando a hora ia chegar. Maria ficou ali parada e ouviu seu filho fazer uma declaração incrível de que só Ele sabia a vontade do Pai e o tempo do Pai.

Agora observe o seguinte, e veja o que Maria teria entendido: Se somente Jesus conhecia a vontade de Deus, então os únicos que conheciam a vontade de Deus eram aqueles a quem *Jesus* a revelava. Para que Maria soubesse e fizesse a vontade de Deus, ela teria que seguir Jesus. Sua honra teria que se render à honra dele. As palavras de Jesus foram sutis e atravessaram o coração de Maria. Ela teria que permitir que seu filho se tornasse seu Senhor.

Esta troca entre Maria e Jesus é surpreendente. Se juntarmos os detalhes deste casamento, veremos que Jesus estava convocando Sua mãe a render-se a Ele e a aprender como Seus discípulos aprenderam, quando Ele lhes ordenou: "Sigam-me!" Honrar os pais, no caso de Jesus, virou de cabeça para baixo: Maria receberia honra somente quando honrasse seu próprio filho.

Maria respondeu apropriadamente à convocação de Jesus para honrar Deus, seguindo-o? Evidentemente. Note suas palavras em seguida. Elas foram tão instantâneas quanto um "sim, senhor" dado a um sábio superior. Maria se dirige aos servos da festa e diz, "façam o que Ele lhes mandar". Sim, Maria aprendeu. Comprovamos isto ao lermos suas palavras dirigidas a Jesus nas bodas de Caná. Ela compreendeu que ao Jesus dizer, "A minha hora ainda não chegou", Ele estava fazendo uma poderosa solicitação para conhecer a vontade de Deus, e que qualquer que quisesse trazer honra a Deus teria que ouvir Jesus, o filho dela.

## *A glória da rendição*

A resposta de Maria foi a chave que destrancou a porta para o primeiro milagre de Jesus. Não devemos minimizar o papel de Maria neste primeiro milagre — como protestantes tendemos a agir desta maneira. Porque Maria orientou os servos a fazerem o que Jesus disse e porque os servos obedeceram, Jesus transformou seis jarros de 112 litros de água no melhor vinho já servido naquele casamento. O noivo e sua família foram poupados da vergonha pública e Jesus "revelou Sua glória"— como afirma o Evangelho de João. Seiscentos e setenta litros de vinho era uma quantia abundante. Isto são aproximadamente 700 garrafas de vinho, o que significava que a família beberia vinho do casamento durante mais tempo do que muitas famílias de hoje comem o bolo do casamento depois das bodas. (É costume na América do Norte congelar um pedaço do bolo de casamento para ser servido no 1.º ano de aniversário de bodas).

O Evangelho de João chama este milagre da transformação de água em vinho de "sinal". O que é um sinal? Somente outra palavra para definir "milagre"? Não é bem assim. O Evangelho de João usa o termo *sinal* quando um milagre mesmo simples, (Jesus fez algo estupendo como transformar a água em vinho) é simultaneamente uma insondável revelação da glória de Deus (Jesus revelou a glória da verdade de Deus naquele milagre). Chamar um milagre de *sinal* é declarar que este milagre pode ser contemplado, ponderado, manuseado, e quanto mais o contemplarmos e ponderarmos nele, mais fundo compreenderemos quem Jesus realmente é.

O "milagre" da transformação da água em vinho, como os origamis que as crianças aprendem a fazer na escola, se desdobra em todos os tipos de formas e tamanhos. Ao ser desdobrado o milagre do vinho; através da contemplação das imagens bíblicas, fala de alegria, do banquete final, e da nova vida. Além disso, esta abundância de vinho exemplifica a transformação dos jarros de pureza judaicos, em vinho da alegria de Jesus e da velha aliança sendo transformada em nova. No entanto, esta água transformada em vinho, revela algo sobre Jesus: Que faz todas as coisas abundante e alegremente novas, e transborda de vida. Na verdade, o milagre aqui nos diz que Jesus mesmo é aquele que traz a alegria àqueles que experimentam dele e de Suas provisões, que escutam as Suas palavras, acreditam e recebem Suas palavras como palavras do Pai. A pretensão deste milagre de Caná é que a vida de Jesus, transbordante como é com a presença do Deus vivo, nunca se secará e sempre sustentará Seus seguidores.

Há muitas riquezas espirituais para contemplar e duvido que Maria ou outra pessoa do casamento tenha percebido a força do milagre quando ele ocorreu. No entanto, tudo aconteceu — em forma rudimentar e elementar — assim que os olhos da fé poderiam ser abertos para ver quem era Jesus.

Este milagre ocorreu quando Maria disse, "Façam tudo o que Ele lhes mandar." Frequentemente esquecemos o papel de Maria aqui, Jesus não realizou um milagre que se tornou sinal — a água que virou vinho — até Maria instruir os servos a fazerem o que Ele lhes mandara. Maria se intrometeu nos negócios de Jesus, Jesus revelou a ela que Ele fazia somente o que o Pai queria que Ele fizesse, e quando o Pai quisesse que fosse feito, e Maria confiou naquelas palavras do seu filho. Ao confiar em Jesus, Maria "destrancou as portas" para um poderoso milagre. Mas, ela primeiramente teve que render sua própria honra ao seu filho. O Evangelho de João sugere que Maria tropeçou nisso, como muitos de nós tropeçamos na fé.

## *Contínua rendição*

Ninguém, incluindo Maria, tinha compreendido Jesus totalmente. A Bíblia mostra que Deus estava revelando Seu plano vagarosamente através da vida de Jesus, e ainda havia muito por ser divulgado. Como Deus revelava coisas sempre novas sobre Jesus, cada seguidor, teria de responder pessoalmente àquelas revelações — que Ele era o Messias, que Ele fora rejeitado e crucificado (porém ressuscitou). As histórias sugerem que até mesmo responder aos milagres de Jesus era difícil para todos eles. Na verdade, em João 6, lemos que alguns daqueles que seguiram Jesus resolveram abandoná-lo. Não, eles não tinham compreendido os milagres e ensinamentos de Jesus. Para cada um de Seus seguidores, incluindo Maria, levaria algum tempo para que compreendessem qual era a missão do Messias.

O apóstolo Pedro, por exemplo, pode ter percebido antecipadamente algo do Messias judeu neste Jesus de Nazaré. Mais tarde ele pode ter confessado seu pecado e seguido Jesus com mais entusiasmo do que os outros. No entanto, isto não impediu que Pedro se sentisse completamente atordoado quando Jesus divulgou que — como Messias — Ele morreria nas mãos dos líderes judeus. Maria também enfrentou a mesma luta sobre quem era Jesus. Naquele dia do casamento ela aprendeu de seu filho que o Primeiro Mandamento era honrar e adorar Deus, e que ela o obedecera ao seguir seu filho, o Filho do Pai.

Quando Jesus estava com 12 anos, Ele se distanciou de Maria e José porque Ele tinha que cuidar dos negócios do Pai, na casa de Seu Pai. No casamento em Caná, Jesus se distancia de Maria revelando que só Ele, como Filho, conhecia a vontade do Pai e quando ela se manifestaria. Estes dois incidentes de distanciamento entre Ele e sua mãe concretizaram o aviso de Simeão sobre a espada que atravessaria o seu coração e revelou-lhe que somente aqueles que seguiam Jesus seriam parte da família do Pai de Jesus. Maria não aceitou estas revelações rapidamente. Como todas as outras pessoas ela teve que aprender que seu filho era o seu Senhor, e a família que Ele estava criando se tornaria sua família também.

# 9

## "Quem é minha mãe e quem são meus irmãos?"
### MULHER DE AMBIVALÊNCIA

*Para Maria e para os irmãos* de Jesus relacionar-se com Ele, como Messias era difícil. No entanto, confessá-lo como Senhor era incomensuravelmente pior. Se imaginarmos a mãe de Jesus e o resto da família reunindo-se ao redor dele, diariamente para fazer o "culto doméstico" e ouvir sermões através de parábolas, cometemos um grande erro. A verdadeira Maria e os verdadeiros irmãos e parentes de Jesus eram ambivalentes a respeito dele — talvez na maior parte do tempo.

O maior problema deles era a sua Bíblia! Pode surpreendê-lo, mas a família de Jesus tinha aprendido a ler as porções proféticas no Antigo Testamento buscando de forma específica por sinais do prometido Messias. Aquela leitura criou sua ambivalência acerca de Jesus. Para não ficarmos impacientes com Maria, precisamos diminuir o passo o suficiente para entender, o que os ensinos judaicos sugeriam que o Messias seria.

O entendimento típico dos judeus acerca do Messias combinava pelo menos quatro figuras do Antigo Testamento em uma; e seria muito bom observarmos brevemente cada uma delas.

Primeira, a expectativa dos judeus era que o Messias fosse como foi profetizado no livro de Deuteronômio 18, "um profeta como *Moisés*".

Segunda, os judeus esperavam que o Messias se parecesse, mas transcendesse os *profetas* de Israel do Antigo Testamento. Assim, ao ler o Evangelho de Mateus 16:14-16, quando Jesus perguntou aos Seus discípulos quem eles pensavam que Ele era, só depois de ponderarem se Jesus era ou não uma figura profética — "outros [dizem] Elias, e ainda outros Jeremias ou um dos profetas" — foi que Pedro pode finalmente juntar todas aquelas imagens e colocar em uma afirmação: "Tu és o Cristo, o filho do Deus vivo."

Terceira, todos associavam o Messias com *Davi*, pois o Messias seria um descendente de Davi. Se Deus prometeu, como o fez em 2 Samuel 7, que sempre haveria um rei da descendência de Davi no trono, então o Messias teria que ser um rei davídico.

E quarto, quando o Messias reinasse, Ele combinaria a glória de Davi com a sabedoria de *Salomão*. Por quê? Porque a história da vida de sucesso de Salomão emerge de sua brilhante decisão de pedir sabedoria a Deus, como o livro de 1 Reis 3:9 relata: "Dá pois ao teu servo um coração cheio de discernimento para governar o teu povo e capaz de distinguir entre o bem e o mal." Mais tarde Salomão reconduziu seu dom de sabedoria para o papel e escreveu o livro de Provérbios. No livro de Isaías 11:2, há um parágrafo que parece ter sido extraído do livro de Provérbios 1, que anuncia o futuro rei messiânico como uma figura semelhante a Salomão. "O Espírito do Senhor repousará sobre ele, o Espírito que dá sabedoria e entendimento, o Espírito que traz conselho e poder, o Espírito que dá conhecimento e temor do Senhor."

Portanto, ao juntarmos tudo, o futuro Messias seria como Moisés, guiando todos a obedecerem a Torá; como um profeta, declarando a Palavra do Senhor em termos trovejantes e poéticos; como o rei Davi, sentado no trono em paz depois de conquistar a terra e derrotar os inimigos de Israel; como Salomão, oferecendo sabedoria ao povo. O Messias seria cada um daqueles e muito mais. Como Jesus disse no final do livro de Mateus 12:42, "e agora está aqui o que é maior do que Salomão".

*O Livro da Sabedoria de Salomão,* um livro judaico que não se encontra em nossas Bíblias evangélicas hoje, expressava a opinião popular sobre o Messias, nos dias de Maria. Aqui estão palavras daquele texto tão poderoso e evocativo. Leia-o cuidadosamente, entenda que essa era a visão popular do Messias, e pergunte como Maria poderia pensar que o Messias seria. Se quiser compare estas palavras com o *Magnificat* de Maria. Você se surpreenderá com as semelhanças.

Primeiro, o texto do *Livro da Sabedoria de Salomão* assegura que Deus restaurará Israel *através de um rei parecido com Davi e Salomão, o Messias.*

> "Considere, Senhor, e levante-se por eles como seu rei, o filho de Davi, para governar sobre seu servo Israel no tempo conhecido por ti, Ó Deus [...] (e) o seu rei será o Senhor Messias [...], pois Deus o fez poderoso pelo Espírito Santo e sábio para aconselhar com entendimento, com força e justiça."

Segundo, o texto também ensina que o Messias *impelirá os gentios e pecadores para fora da terra:*

"Cingindo-o com a força para destruir os governantes injustos, para purificar Israel dos gentios que pisam-na para destruí-la; para conduzir com sabedoria e justiça os pecadores para fora de sua herança; para esmagar a arrogância dos pecadores como um pote de oleiro; para despedaçar sua substância com bastão de ferro; para destruir as nações contrárias à lei com a palavra de sua boca..."

Terceiro, ele também afirma que o Messias *estabelecerá paz, justiça e santidade.*

"Ele ajuntará o povo santo que Ele governará com justiça [...] Ele não tolerará (mesmo) que a injustiça se detenha sobre eles e qualquer pessoa que pratica a maldade não viverá entre eles."

Com os textos em mente, o que você acha que Maria pensava ao falar a palavra "Messias"? Ela certamente pensava que Deus traria vitória — através do Messias — sobre os gentios como Herodes Antipas e o novo imperador romano Tibérius. Sabia também que Deus baniria os pecadores da terra e estabeleceria o reinado do Messias para anunciar a paz em Israel. E fundamentando tudo isso, Maria sabia que esse Messias era o seu filho.

Porém, Jesus não parecia se encaixar nesse roteiro. Todos, inclusive Maria, eram ambivalentes com relação a Jesus porque Ele parecia ler uma Escritura diferente. Disse anteriormente que o problema de Maria era sua interpretação do que a Bíblia profetizou sobre o Messias. Seu outro problema era o próprio Jesus, Ele não agia como o Messias que ela (e todo mundo) esperava.

## *Ambivalência em Nazaré*

Os residentes da cidade de Jesus, Nazaré, criam que Jesus era um homem judeu comum. Depois de ouvir Seu primeiro sermão na sinagoga a pergunta deles, segundo o Evangelho de Marcos, era "De onde lhe vêm estas coisas?" E continuavam, "Não é este o carpinteiro? Não é este o filho de Maria e irmão de Tiago, José, Judas e Simão? Não estão aqui conosco as suas irmãs?" (Marcos 6:2, 3). Depois Marcos acrescenta no mesmo capítulo, "E escandalizavam-se nele". Quando Jesus declarou em seu primeiro sermão, como Lucas 4:17-21 relata, que as palavras de Isaías estavam se tornando realidade naquele momento, o povo de Nazaré não podia crer que o Jesus que eles conheciam diria tal coisa de si mesmo. Em sua opinião, Jesus era um deles.

Ele era, porém, não era. Eles certamente não acreditavam que Deus se fizesse humano naquele Jesus que eles testemunhavam. Jesus não percorreu a Galiléia flutuando cinco centímetros acima do solo num aerodeslizador. Não havia uma auréola — embora a arte nos sugira isto — ao redor de sua cabeça para que todos vissem Sua santidade. Ele cresceu como as outras crianças e desenvolveu Sua capacidade de soletrar e de fazer contas, Ele não cavalgava para cima e para baixo fazendo milagres.

Era difícil para alguns cristãos primitivos (e para alguns hoje) ver Jesus como um ser humano real, normal. Cremos que Jesus era o Deus-homem — tanto Deus quanto homem ao mesmo tempo, embora nosso cérebro humano, pensando seriamente por um minuto, não consiga entender com clareza como pode ser assim. Aqui está uma boa pergunta, se quisermos entender como foi para Maria chegar a uma conclusão sobre quem Jesus realmente era: Como foi para Deus tornar-se um Deus-*criança*? Seguramente, diremos a nós mesmos que Jesus tinha que ser diferente das outras crianças. Afinal, como um Deus-criança poderia ser comum? Temos que ser bem realistas, porque se não formos cuidadosos, voltaremos a cantar a música de natal "um lindo menino" e "mas ele não chora". O mesmo impulso que sentimos para fazer de Jesus um ser extraordinário é o mesmo que levou Maria a ter a expectativa de que Jesus seria superextraordinário.

Sem respostas claras a algumas perguntas, alguns cristãos primitivos começaram a preencher as lacunas, imaginando como deveria ser o Deus-criança e francamente, só criaram lendas. Um bom exemplo é o livro apócrifo do século 2.º, *Infancy Gospel of Thomas* (A Infância Segundo o Evangelho de Tomé), onde a história de Jesus é sensacionalizada. Este texto conta que quando Jesus tinha cinco anos e brincava junto a um ribeiro, num sábado, Ele juntou a água em pequenas poças e ordenou que se "purificassem" para serem usadas em rituais. E assim aconteceu. Depois da água e da lama das poças Ele fez 12 pombos de barro. Um judeu que observava o que Ele estava fazendo, contou a José, e ele logo veio onde Jesus estava. Ele repreendeu o comportamento de Jesus, mas Ele lhe respondeu batendo palmas e dizendo, "Vão!" E os 12 pombos voaram para longe, e as pessoas ficaram maravilhadas (como ficariam se Jesus tivesse realmente feito tal coisa). Em outra história, um homem reclamou de Jesus e instantaneamente Jesus fez que ele secasse. Um menino esbarrou em Jesus, Ele o amaldiçoou e o menino morreu. Então, os vizinhos começaram a ficar com medo. E assim segue o texto.

Jesus certamente não era um *Wunderkind* (em alemão – criança admirável), ou melhor, ainda o que os franceses chamam de um *enfant terrible* (criança terrível). Todas as fontes confiáveis que temos, dizem que Jesus agia de forma normal e Sua aparência era comum. Mesmo sendo o Filho de Deus, Ele nunca usou isto para fascinar, intimidar ou para exibir-se.

Os contemporâneos de Jesus, inclusive Maria, permaneciam ambivalentes. Havia um roteiro bíblico semelhante para o Messias, fascinar, intimidar e se mostrar, mas Jesus não o seguiu. Ele deveria ser alto como Golias e poderoso como Saul, bonito como Davi e sábio como Salomão — e carregaria com Ele uma auréola para que fosse óbvio a todos que Ele era o Messias. Mas, não é esta a maneira de Deus agir.

## *Mãe de ambivalência*

Quando Jesus era jovem e estava em casa, Maria e José podiam refletir sobre suas experiências com os anjos, parentes, pastores e magos e acrescentar a elas uma fascinante demonstração de glória messiânica. Mas depois que Jesus começou Seu ministério como adulto, as coisas mudaram rapidamente. Ele seguiu outro roteiro bíblico e Maria tornou-se ambivalente a seu respeito: Seria Ele o Messias ou não?

Os fatos sobre o ministério público de Jesus estão descritos nos primeiros três capítulos do Evangelho de Marcos: Jesus expulsou demônios, curou doentes e restaurou leprosos. Tanto para Maria como para as multidões, estes seriam sinais prematuros de que Jesus era de fato o Messias. Mas as multidões eram uma preocupação para Roma, para Herodes Antipas e para os líderes judeus locais cujo trabalho era manter a paz. Era um tipo de Messias que atraía multidões? Maria pensava que sim. Jesus então declarou que perdoava os pecados de um paralítico e provou Seu poder messiânico curando-o e capacitando-o a andar. Quando o homem foi dançando para casa, para contar a todos o que havia acontecido, os problemas começaram a fermentar.

Mas, então, como Marcos relata nos primeiros capítulos, Jesus começou a praticar a comunhão à mesa com um grupo heterogêneo de coletores de impostos e pecadores. "Por que ele come com publicanos e pecadores?" Estas palavras registradas em Marcos 2:16 são dos líderes judeus, mas eles estavam dizendo o que Maria e os demais também pensavam. Todos sabiam que Jesus vinha *purificar* Israel dos pecadores, não *misturar-se* com eles.

Então, Jesus sugere em Marcos 2, que o jejum já não era necessário porque o noivo tinha chegado para o banquete. O jejum tinha que ser observado, era uma rotina santificada — duas vezes por semana para os piedosos. Sugerir isto poderia ser considerado como irreverência. Em seguida, Marcos nos diz que Jesus permitiu que Seu grupo de seguidores colhesse espigas de trigo, algo que se fazia normalmente, exceto que Ele aprovou esta ação num sábado. Isto também violou os costumes sagrados do sábado dos judeus.

Por tudo isto, Marcos conclui que, multidões cada vez maiores eram atraídas, criando ainda mais tensão com os líderes. Não devemos ficar surpresos com os fariseus que em meio a isto; os fariseus "saíram e começaram a conspirar com os herodianos contra Jesus, sobre como poderiam *matá-lo*" (Marcos 3:6).

Diante destes fatos é possível entender porque Maria tornou-se mais ambivalente a respeito de Jesus. Os Messias que seguem nos passos de Moisés, Davi, Salomão e dos profetas não se misturam com pecadores, não quebram as leis judaicas intencionalmente, não ostentam a piedade judaica, nem ensinam seus discípulos a fazerem o mesmo. E os Messias não se envolvem em problemas com a liderança judaica. Os Messias podem ofender os governantes gentios, não os judeus. Um Messias que age assim, não pode ser o Messias.

O roteiro que Maria imaginou para seu filho messiânico e o roteiro que Jesus estava seguindo se chocavam como dois carneiros que lutam por um pasto mais alto. No Evangelho de Marcos 3, lemos sobre a cena que este conflito criou — uma cena que provou ser —, o momento crítico de mudança na vida de Maria: E *os parentes de Jesus* ouviram isto, saíram para o prender; porque diziam: "Ele está fora de si" (Marcos 3:21). Primeiro esta é a família de Jesus. Segundo, a *família* de Jesus ouviu sobre o Seu ministério — o material que esboçamos na seção prévia — não somente o roteiro de Seus milagres messiânicos e Seus ensinamentos, mas também o misturar-se com pecadores e entrar em conflitos com os líderes. A família encabeçada por Maria concluiu que Jesus estava *fora de si*. Aquele Jesus tinha entendido a Sua missão messiânica de forma completamente errada, aquele Filho do Pai não estava realmente ouvindo o Pai. Talvez Maria estivesse pensando que Jesus não era o Messias. Talvez Ele precisasse de alguma ajuda de sua mãe.

A família ouviu sobre o ministério de Jesus enquanto estava em Nazaré. De lá Maria levou seus filhos a reboque para Cafarnaum, resolutamente determinada a fazer Jesus voltar à razão. Se

Maria não conseguisse isso, ela concluiu que as autoridades conseguiriam e o condenariam à morte por quebrar a lei do sábado, declarar que perdoava pecados e por afrontar a observância da lei judaica. Para a verdadeira Maria, isso era muito sério. A ambivalência de Maria é clara: Ela cria que seu filho era o Messias prometido e ao mesmo tempo, sabia que Ele estava fazendo tudo ao contrário do que o Messias faria. Algo tinha que mudar.

Então, Maria deixou sua casa, viajou pelo mar da Galiléia, fez perguntas e descobriu a localização de Jesus. Ela encontrou Jesus em uma casa, mais uma vez no centro de uma roda de pessoas que ouviam a Sua sabedoria. Esta cena nos lembra da Páscoa quando Jesus tinha 12 anos. E a resposta dele não foi diferente da vez anterior.

O Evangelho de Marcos 3:31 relata assim, "Nisto chegaram a mãe e os irmãos de Jesus" à casa em Cafarnaum. Quando Jesus soube que eles estavam à porta, Sua pergunta não foi a que se esperava de um filho judeu que intencionava observar o Quinto Mandamento, de honrar sua mãe. Mas, esse era o tipo de coisa que tornou Jesus famoso: "Quem", Jesus pergunta diretamente a sua mãe e irmãos, "Quem é minha mãe e quem são meus irmãos?" Então Ele olhou para os que se sentavam ao seu redor [Seus discípulos] e disse, "Aqui estão minha mãe e meus irmãos! Quem faz a vontade de Deus, este é meu irmão, minha irmã e minha mãe" (Marcos 3:31-35).

Na frente de Sua mãe e familiares, Jesus identificou publicamente Sua família como aqueles que fazem a vontade do Seu Pai e deixou bem claro que Sua missão era criar uma nova família. Ao invés de restabelecer uma dinastia de Davi, física como Maria pensava que seria, Jesus estava estabelecendo outro tipo de "dinastia": Jesus estava criando uma família cuja característica era segui-lo, a família da fé, a família de Seu Pai. Jesus revelou a Maria que a tarefa do Messias era criar uma nova família centrada nele e qualquer que desejasse fazer a vontade de Deus, deveria entrar nesse novo círculo da fé, e Maria não era exceção.

Aquelas palavras foram duras para uma mulher que demonstrava tanto zelo pelo Messias e que demonstrava tal *chutzpah* como Maria. Aquelas palavras foram duras para uma mulher que tinha saído de Nazaré, para resgatar Jesus daqueles que buscavam matá-lo. Aquelas palavras foram duras para alguém que achava que tinha entendido o que o termo "Messias" significava.

Maria veio a Cafarnaum para socorrer Jesus. O que ela recebeu, em vez disso, foi uma lição sobre o significado da palavra Messias e antes dela sair pela porta naquele dia, teria que fazer sua decisão. Ela teria que decidir se Jesus era realmente o Messias ou não. Teria que decidir se o seguiria para fazer parte de Sua nova família.

No centro da missão de Jesus para Maria estava a convocação para deixar o código de honra do Quinto Mandamento, e segui-lo como Senhor da nova família da fé. O que Ele disse quando Sua mãe entrou pela porta, Ele dissera outras vezes de outra forma. Note dois exemplos de declarações semelhantes feitas por Jesus, e imagine ouvi-las como Maria as ouviu. A primeira está em Marcos 10:

> "Digo-lhes a verdade: Ninguém que tenha deixado casa, irmãos, irmãs, mãe, pai, filhos, ou campos, por causa de mim e do evangelho, deixará de receber cem vezes mais, já no tempo presente, casas, irmãos, irmãs, mães, filhos e campos, e

com eles perseguição; e, na era futura, a vida eterna. Contudo, muitos primeiros serão últimos, e os últimos serão primeiros" (Marcos 10:29-31).

O segundo está em Mateus 10:34-36:

"Não pensem que eu vim trazer paz à terra; não vim trazer paz, mas espada. Pois eu vim para fazer que o *'homem fique contra seu pai, e filha contra a mãe, a nora contra a sogra; os inimigos serão os da sua própria família.'"*

Não foi registrado se Maria ouviu estas palavras de Jesus, mas suponho que as ouviu. Estas palavras afiadas de Jesus atravessaram a alma dela porque refletiam a própria experiência de Jesus, rejeitado pela família. E como Ele convocou Seus seguidores a suportar este tipo de rejeição, Ele declarou a sua mãe que ela também teria que segui-lo. A família do Pai, disse-lhe Jesus, faz a vontade de Deus sentando-se aos Meus pés e Me seguindo, ouvindo minhas palavras e colocando-as em prática.

## *A ambivalência da família*

Jesus convocou todos, inclusive Sua mãe, para juntar-se à família do Pai. Sua nova família tinha uma característica: obediência. A ligação nesta família não era genética, mas se faria pela rendição, em fé, a Ele. "Façam tudo o que Ele lhes mandar", era o mantra e o lema da nova família de Seus discípulos. Como Maria respondeu a isto?

Apesar da intensidade da cena em Cafarnaum, ouvimos sobre Maria novamente ao encontrá-la olhando para Jesus na crucificação. Cremos que Maria não entrou para a família do Pai quando Jesus a confrontou em Cafarnaum? Não temos qualquer motivo para pensar que ela foi embora. Maria ouvira Gabriel, ouvira Isabel, ouvira as palavras proféticas de Simeão e Ana, os pastores e os magos. E então, como se estivesse observando seu filho florescer de um broto messiânico, ela observou o Seu ministério poderoso e eficaz. Não é lógico pensar que Maria demonstrasse o mesmo caráter que tinha antes e expressasse mais uma vez "que aconteça comigo" ou "façam tudo que ele lhes mandar?"

Enquanto os evangelhos são silentes sobre Maria durante o final do ministério de Jesus, o que sabemos é que ela estava presente na crucificação e que, após o dia da ressurreição e ascensão de Jesus estava no meio do grupo apostólico no dia de Pentecoste. É simplesmente óbvio pensar que Maria respondeu como ela sempre fez. Ela não só honrou Jesus como seu Senhor, mas também se juntou à nova família de Jesus naquele tempo.

Podemos entender a luta de Maria. Ninguém, nem Maria, tinha a certeza do tipo de Messias que Jesus se tornaria. Seguir Jesus provou ser difícil para Maria, como para Pedro e João Batista (o qual tinha muitas ambivalências com relação a Jesus) e para os irmãos de Jesus. O desafio especial de Maria era confiar que o Deus que lhe falou em e através do *Magnificat*, era o mesmo Deus que estava trabalhando em Jesus, em Seu ministério e missão. Enquanto as duas visões do Messias — a do *Magnificat* e a que guiou o ministério público de Jesus — não pareciam combinar, ela tinha que decidir: confiar que Jesus era realmente o Messias.

Na próxima vez que virmos Maria, ela estará aos pés da cruz durante a celebração da Páscoa dos judeus, observando seu filho ser torturado pelos soldados romanos. Maria aprendeu que havia outra maneira de entender a visão da Bíblia sobre o Messias. Havia o tema da vitória e do triunfo messiânico e havia o tema messiânico do sofrimento com os outros, ao invés do sofrimento dos outros e pelos outros. Sofrer pelos outros era um tema que fazia parte da tradição judaica, pois a observância da Páscoa em si mesma revelava um cordeiro que era morto para libertar os filhos de Deus. A lição final que Maria aprenderia era que o sangue da Páscoa seria o próprio sangue de Jesus: Ele morreria pelos outros para que a nova família da fé fosse formada.

A morte de Jesus se tornaria o escândalo do evangelho cristão. Este escândalo foi o maior desafio que ela, e muitos seguidores judeus de Jesus, encontrariam. O verdadeiro Jesus seria um Messias crucificado. A espada de Simeão finalmente atravessaria a alma de Maria.

## 10

# "Perto da cruz de Jesus estava sua mãe"
## MULHER DE FIDELIDADE

Maria desaparece das histórias dos evangelhos depois do incidente na entrada de Cafarnaum e só reaparece quando a vida de seu filho está prestes a terminar. Ela está presente na crucificação de Jesus. Maria, a mãe do crucificado, permaneceu junto à cruz. Ela observou a cena bárbara ao lado do amado discípulo João e de algumas amigas que também eram discípulas de Jesus.

Aqui está no Evangelho de João, o registro simples da presença de Maria, fato não encontrado no Evangelho de Mateus, Marcos ou Lucas. Somente em João 19:25-27 temos o relato da presença de Maria aos pés da cruz.

"Perto da cruz de Jesus estavam sua mãe, a irmã dela, Maria, mulher de Clopas e Maria Madalena. Quando Jesus viu sua mãe ali, e, perto dela, o discípulo a quem ele amava, disse à sua mãe:

'Aí está o seu filho', e ao discípulo: 'Aí está a sua mãe.' Daquela hora em diante, o discípulo a recebeu em sua família."

Se tem sido um desafio para nós *entrarmos* na vida da verdadeira Maria para entendermos como ela respondeu à *vocação* messiânica de seu filho, muito maior desafio é imaginar o que ela pensou quando viu seu filho sofrer na cruz.

A verdadeira Maria, uma discípula de seu próprio filho, na nova família que Ele formou, permaneceu junto à cruz. No conforto de nossas igrejas climatizadas, cantamos o hino *Rude Cruz* e lembramos, às vezes, só *romanticamente*, do que Deus fez por nós. Mas a Maria de verdade, ouviu o ruído surdo dos pregos sendo batidos e o som da dor excruciante. Maria mal compreendeu que era por ela, que seu filho morria. Mas permaneceu junto à cruz num ato de obediência fiel ao seu filho. A verdadeira Maria honrou a verdadeira cruz — enquanto seu filho se contorcia nela.

Uma coisa é ser um seguidor de Jesus; outra era segui-lo enquanto Sua vida avançava para um futuro desconhecido. Maria era esse tipo de seguidora.

## *Fidelidade na cruz*

Maria estava com três amigas, duas se chamavam Maria, algo que não deveria nos surpreender já que cinquenta por cento das mulheres judias do século 1.º d.C. tinham este nome. A primeira era sua irmã, *Salomé* — que era a mãe dos apóstolos Tiago e João. A segunda era Maria, *esposa de Clopas,* de quem nada sabemos. A terceira, *Maria Madalena,* de quem Jesus exorcizara sete demônios.

Algumas das amigas de Maria, como vemos no Evangelho de Lucas 8, seguiram Jesus durante Seu ministério pela Galiléia e rotineiramente cozinhavam e proviam as necessidades essenciais de Jesus e Seus discípulos. O Evangelho de Marcos 15:41 faz um paralelo com o Evangelho de João 19 sobre as mulheres na cena da crucificação: "Na Galiléia elas tinham seguido e servido a Jesus." As mulheres na cena da cruz, incluindo Maria, eram discípulas de Jesus, não espectadoras. A presença de Maria na cruz envolveu mais do que o cuidado materno por um filho. Estas mulheres estavam próximas à cruz porque eram discípulas.

O que nos choca hoje, é que Maria e as outras mulheres, discípulas de Jesus, estavam lá perto dele, enquanto os discípulos fugiram — todos eles — exceto o amado discípulo João, filho de Zebedeu e Salomé. Em nossa leitura dos relatos dos evangelhos, é razoável presumir que os discípulos que fugiram estavam fracos na fé, enquanto Maria, o discípulo amado e as outras mulheres permaneceram fiéis. Outras interpretações também são consideradas razoáveis, como a de que os discípulos fugiram porque eles representavam o mesmo tipo de ameaça aos líderes, que Jesus, enquanto as mulheres discípulas não. Nesta interpretação, o discípulo amado poderia ser muito jovem para ameaçar as autoridades. Devemos decompor as duas visões para o nosso entendimento da presença de Maria naquela cena — os homens eram uma ameaça e estavam com medo, enquanto as mulheres não eram tanto uma ameaça e não estavam com medo. Seja de que forma for que juntemos todos os fatos, a conclusão é que, *as discípulas permaneceram fiéis a Jesus durante a crucificação.*

Maria foi fiel ao seu filho — como filho e como Senhor — mesmo tendo que absorver a humilhação da crucificação. A fidelidade de Maria deriva-se de sua convicção de que Jesus, *apesar* da cruz, era o Messias e de que Deus, *apesar* da mudança nos acontecimentos, estava no controle. Maria permaneceria fiel a Jesus através daquela cena rude e naqueles dois dias de assombro, até a manhã da Páscoa. Após a ressurreição de Jesus, a fidelidade de Maria na cruz desabrochou numa convicção de que a obra redentora de Deus tinha acontecido quando ela e suas amigas, com lágrimas nos olhos, permaneceram junto à cruz de Jesus.

Embora naquele momento, a cruz fosse um ato flagrante de morte violenta para seu filho.

A cena foi horrenda. As autoridades, tanto judias quanto romanas, interrogaram Jesus numa série de julgamentos. Jesus dormiu pouco, se é que dormiu. Os soldados humilharam-no, maltrataram Seu corpo. Ele carregou a cruz no calor de uma manhã de sol até o Gólgota. Eles içaram a cruz para que ela caísse no buraco que haviam cavado para ela. Quando a cruz atingiu o fundo do buraco, os tendões e ligamentos nas juntas das mãos, pulsos, e pés de Jesus se esticaram e se arrebentaram. Jesus sangrava, estava com sede e morria lentamente por asfixia.

Para qualquer um de nós é quase impossível entender isso. Como Maria lidou com isso? Será que ela teve sentimentos opostos quanto a este Messias novamente? Será que pensou que ali poderia ser o fim da história de seu filho? Nada indica sua ambivalência na cruz. Ela não estava consciente de que Jesus predissera tanto esta morte excruciante *como* a vitoriosa ressurreição além do túmulo? Afinal, Jesus dissera mais de uma vez que Ele não só morreria em Jerusalém, mas que ressuscitaria — tais profecias são encontradas no Evangelho de Marcos 8–10.

Mesmo consciente desta Sexta-Feira da Paixão e de que a Páscoa estava chegando, a cena era cruel e causou-lhe dor. Seria esta a espada que Simeão profetizou? Para a verdadeira Maria, a cruz era real. Às vezes, me pergunto o que Maria pensaria dos cristãos usando a cruz ao redor do pescoço. Será que ela acharia apropriada uma cruz de diamantes? Será que uma cruz reluzente seria algo cristão para ela? Estamos tão acostumados a usá-la que raramente paramos para pensar no significado do objeto que estamos portando. A cruz era um instrumento brutal, usada por líderes brutais para coagir todos à submissão e para aplicar vingança aos inimigos do Estado. Maria sabia o que a cruz realmente era, e aprender a ver a cruz ao redor do pescoço, através dos olhos de Maria, pode nos ajudar a entender o que estamos usando. Podemos estar certos de que a cruz que Maria viu, foi brutal.

## *Fidelidade da cruz*

A fidelidade de Maria a Jesus quando Ele estava na cruz espelha a fidelidade do próprio Jesus a ela, estando Ele na cruz.

Enquanto Ele pendia da cruz, fez o que um judeu piedoso e guardador da lei tinha que fazer: Ele providenciou a "última vontade e testamento" para Sua mãe. Suas palavras para Maria e João foram "aí está o seu filho" ao amado discípulo, que era Seu primo, Jesus disse "aqui está sua mãe", respectivamente. Maria experimentou esta transferência para a família de João como uma forma de dupla honra. Ele cuidou dela como sua mãe e também lhe assegurou um lugar em sua nova família do Pai.

Jesus usara palavras de distanciamento para com sua mãe, algumas vezes, como no casamento em Caná e quando Maria e os irmãos de Jesus vieram a Cafarnaum para protegê-lo do perigo. Maria respondeu a Deus em cada uma dessas circunstâncias como deveria, e é por essa razão que ver Maria aos pés da cruz como discípula de Jesus explica tanto. Ali, parada próxima da cruz, ela recebeu uma dupla recompensa por segui-lo: Jesus a honrou como mãe e como membro da Sua família de fé. Dissipou-se a distância porque Maria venceu seus limites para honrar Jesus como Senhor. Ela era Sua mãe — e Ele reconhece isto — e ela também era Sua discípula — e Ele também reconhece este fato.

Mas neste ponto há uma tragédia silenciosa para Maria. Um observador comum desta cena da crucificação espera ver que Jesus confie Maria aos seus outros filhos, a um dos seus irmãos mais jovens, mas Ele não o fez. Maria se encontra entre as famílias: o principal responsável por ela, Jesus — porque se presume que José já havia falecido — está morrendo. Qual seria sua casa agora? Por que Jesus não a entregou aos Seus irmãos? Há evidências de que os irmãos de Jesus não criam que Ele era o Messias. O Evangelho de João 7:5 nos diz, "Pois nem os seus irmãos criam nele". A explicação mais razoável, então, para o porquê de Maria ser confiada a João ao invés de a um dos irmãos de Jesus emerge da trágica realidade, da qual Maria não tinha dúvida alguma, que eles ainda não criam em Jesus.

Jesus transferiu Maria para uma nova família, mas mudar-se para a casa de João envolveu a dolorosa experiência da cruz, a dor da divisão da família, da qual Jesus tinha falado tão frequentemente. Podemos dizer que Maria experimentou a cruz aos pés da cruz.

## *A fidelidade de Deus na cruz*

Este livro explica como a verdadeira Maria se submeteu (como uma judia comum teria que submeter-se) à vocação messiânica de Jesus, embora não possamos ter certeza que ela não tenha se submetido completamente à missão de Jesus até depois da ressurreição e do Pentecoste. Com as passagens do Novo Testamento já guardadas em nossas mentes, é fácil julgarmos Maria e achar que a missão de Jesus era uma missão óbvia de morrer — (vocação da cruz). Mas muito pouco na tradição judaica ajudaria Maria a esperar que o Messias morresse por pecados numa cruz. *Nada* na literatura judaica, no tempo de Jesus, nos dá a impressão que os judeus esperavam que o Messias morresse como um sacrifício pelos pecados. O sacrifício era feito no templo, usando-se animais inocentes; Messias não morrem como sacrifícios.

Como cristãos, aprendemos a ler a Bíblia e a entender "placas de indicação" apontando para a morte de Jesus e aprendemos a pensar no Messias através das lentes do servo do Senhor encontradas em passagens do livro de Isaías 52 e 53.

"Vejam, o meu servo agirá com sabedoria, será engrandecido, elevado e muitíssimo exaltado. Assim como houve muitos que ficaram pasmados diante dele; sua aparência estava tão desfigurada, que ele se tornou irreconhecível como homem" (Isaías 52:13).

Mas nem Maria, nem os discípulos pensavam que aqueles versos se referiam à tarefa do Messias. Nós também pensamos que estes versos se referem ao Messias:

"Ele foi oprimido e afligido; e, contudo, não abriu a sua boca; como um cordeiro foi levado para o matadouro, e como uma ovelha que diante de seus tosquiadores fica calada, ele não abriu a sua boca" (Isaías 53:7).

Mas, novamente, esta não seria a passagem para a qual Maria se voltaria, ao ponderar sobre as profecias acerca do Messias. Também não pensava nos seguintes versículos:

"Foi-lhe dado um túmulo com os ímpios, e com os ricos em sua morte, embora não tivesse cometido nenhuma violência, nem houvesse nenhuma mentira em sua boca. Contudo, foi da vontade do SENHOR esmagá-lo e fazê-lo sofrer, e, embora o Senhor tenha feito da vida dele uma oferta pela culpa" (Isaías 53:9-10a).

Nem nestes:

"Por isso eu lhe darei uma porção entre os grandes, e ele dividirá os despojos com os fortes, porquanto ele derramou sua vida até a morte, e foi contado entre os transgressores. Pois ele levou o pecado de muitos, e pelos transgressores intercedeu" (Isaías 53:12).

Maria e seus contemporâneos pensavam no Messias como um poderoso rei da tribo de Davi, sentado no trono em Jerusalém, expulsando os gentios triunfantemente, conquistando a terra e guiando cada um em sabedoria para observar a Torá. Honrar um Messias, cuja parte principal de sua missão seria morrer numa cruz, era o maior desafio que a fidelidade de Maria enfrentaria.

A história de Maria não contada nos livros, diz que ela, como qualquer outra pessoa, tinha que aprender a ler a Bíblia com um novo olhar. Ela tinha que aprender que a tarefa do Messias era trazer redenção e justiça *através da morte na cruz*, e que através da morte

Ele criaria uma nova família, onde a justiça e a paz se estabeleceriam através de um autossacrifício de amor. Ela tinha que aprender que Deus expressou a fidelidade de Seu próprio pacto para redimir Seu povo, quando enviou Seu Filho para morrer por nós.

Naquele último dia, quando a verdadeira Maria olhava fixamente para a cruz com Jesus, o Messias — de fato, o seu Messias, pendurado nela, Maria começou a entender não somente o que a "espada" de Simeão significava, mas também como Deus planejou que o *Magnificat* se tornasse real. Maria logo compreenderia — e seria após o Pentecoste que isto ficaria claro para ela — que a esperança política e dinástica de triunfo sobre os inimigos, o anseio de derrotar os governantes injustos e a hesitante sensação de reivindicação pelos pobres caíram aos seus pés junto com as roupas de Jesus.

Jesus não usaria a coroa de César Augusto ou o fino traje de Herodes Antipas. Ele ficaria pendurado, nu e abatido, e entregaria a Maria e ao mundo uma nova visão, radicalmente oposta ao que seria reinar neste mundo. Maria começou a aprender que para reinar neste mundo, era necessário dar a vida por outros, como Jesus fez.

O verdadeiro João que estava ao lado da verdadeira Maria, perto da cruz naquele dia, e que a levou para casa, mais tarde, recordar-se-ia do que Jesus dissera na última noite que passou com Sua família de fé: "Ninguém tem maior amor do que aquele que dá a sua vida pelos seus amigos." Este versículo é encontrado no Evangelho de João 15:13. Na carta de 1 João 3:16 ele eventualmente escreveria: "Nisto conhecemos o que é o amor: Jesus Cristo deu a sua vida por nós, e devemos dar a nossa vida por nossos irmãos." É possível que Maria, tendo vivido na casa de João até o final de sua vida, não tenha compartilhado de pensamentos semelhantes?

Três dias depois da morte de Jesus na cruz, os seguidores de Jesus começaram a contar uma nova história: *a da Páscoa*. Maria estava lá, e como indicado acima, a Páscoa transformou a percepção daquele terrível dia, quando ela viu a crucificação pública e humilhante de seu filho. Ela o viu morrer e depois ouviu os relatos de que Ele estava vivo novamente. Embora não haja nenhum relato de que Jesus tenha aparecido a ela, pessoalmente.

Cinquenta dias depois da celebração da Páscoa na qual Jesus morreu, nós encontramos ainda outra história: *o Pentecoste*. Naquele dia os seguidores de Jesus se reuniram em Jerusalém para mais uma festa judaica, o Pentecoste. No meio daqueles seguidores estava Maria (e os irmãos de Jesus, observem isto). Naquele dia eles se reuniram para orar e uma vez mais tiveram uma surpresa: o tão esperado dia da vinda do Espírito precipitou-se do céu, transbordou-os com força espiritual e os capacitou a declarar o evangelho de Jesus Cristo — aquele que morreu e ressuscitou dos mortos. Lucas, o autor de Atos dos Apóstolos, não diz muito sobre Maria, mas relata que ela estava presente quando este acontecimento magnífico aconteceu.

Mesmo que a princípio Maria não tivesse compreendido, o Pentecoste trouxe todas as promessas de Deus, juntas para ela: o sonho do *Magnificat* de uma sociedade governada pela justiça; com paz nas ruas, viria através do paradoxo da Cruz, do poder da Ressurreição e da criatividade do Espírito de Deus gerando vida. A sociedade do *Magnificat* aguardada por Maria desde o dia em que Gabriel a revelou, aconteceria na Igreja. E Maria estava no meio daquelas células da igreja em Jerusalém.

A história de Maria no Novo Testamento encerra-se com Maria no meio de uma comunidade cristã confiante, crescente e inquisitiva em Jerusalém; que estava encontrando sua maneira de viver sem a presença física de Jesus, guiada agora pelo Espírito Santo, com muito entusiasmo. A história que contei sobre Maria é a história da verdadeira Maria, uma história que raramente fora contada.

Mas nós não terminamos: a história de Maria, a maior parte nunca contada, gerou ainda mais histórias sobre Maria — histórias que vêm dividindo penosamente os cristãos por centenas de anos. Histórias que também fazem parte da história de Maria — e cada um de nós deverá decidir se elas são ou não parte da história da *verdadeira* Maria.

# Parte 2

## A VIDA DE MARIA NA IGREJA

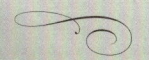

# 11

# "Seguindo com as mulheres, e Maria, mãe de Jesus
## MULHER DE INFLUÊNCIA

*Temos mais uma linha* sobre Maria no Novo Testamento que podemos explorar, e neste capítulo, sugiro que sigamos nesta direção para contarmos a história da poderosa influência de Maria na Igreja primitiva. No livro de Atos 1, após Jesus ascender aos céus e dos discípulos se ajuntarem em Jerusalém para a festa de Pentecoste, somos apresentados àqueles que estiveram presentes na primeira nova família de Deus. "Todos eles reuniam-se sempre em oração, com as mulheres, *inclusive Maria — a mãe de Jesus*, e com os irmãos dele."

O texto nos diz que Maria estava presente no círculo íntimo da nova família de Deus. Este pequeno círculo tinha participado de toda a história: eles conheceram Jesus antes da cruz, na cruz e além da cruz. Ao sentar-se neste círculo, pouco mais que um mês após a morte e ressurreição de Jesus, cada um confessava publicamente o Messias que foi crucificado, que ressuscitou. Maria estava no centro da família de Jesus.

Qual era o papel dela nesta nova família?

Quero sugerir que Maria exerceu sua influência desde o início da igreja, e essa influência manifestou-se de várias maneiras. Começo pelos seus próprios filhos. Alguns, talvez se surpreendam e para outros não será novidade. Por quê? Os católicos romanos creem firmemente que Maria não teve outros filhos depois de Jesus, e os protestantes sempre presumiram que Maria e José tiveram outros filhos, porque foi desta maneira que aprendemos a interpretar o texto bíblico, quando fala dos "irmãos e irmãs" de Jesus. Os católicos leem "irmãos e irmãs", como primos ou parentes. No final deste capítulo, esboço minhas razões para crer que Maria e José tiveram outros filhos.

## A influência de Maria sobre Jesus e Tiago

Alguns de nós não somos muito realistas sobre o próprio desenvolvimento de Jesus, e deixamos de observar a influência de seus pais terrenos (isto não significa excluir o relacionamento eterno e pessoal do Filho com o Pai celestial). Após José e Maria retornarem a Nazaré, o Evangelho de Lucas 2:40 relata que Jesus "crescia e se fortalecia, enchendo-se de sabedoria, e a graça de Deus estava sobre ele". No final deste capítulo, em Lucas 2:52, quando a sagrada família voltou para Nazaré, depois do pequeno incidente de Jesus no templo, Jesus "ia crescendo em sabedoria, estatura e graça diante de Deus e dos homens".

Jesus aprendeu seu abecedário e seus problemas de matemática, a falar e a escrever como qualquer menino judeu, com Seus pais. Às vezes, ouço alguns cristãos sugerirem que Jesus era extraordinariamente precoce, que sabia tudo ao nascer e que não precisava de instrução alguma. Porém, a Bíblia nada diz sobre isto. O Evangelho de Lucas diz que Jesus cresceu e se desenvolveu. A teologia cristã sempre ensinou que Jesus era totalmente Deus e totalmente homem como o Deus-homem. Se Jesus era totalmente humano, Ele cresceu como nós crescemos, aprendeu como nós aprendemos, e se desenvolveu como nós nos desenvolvemos. E muito do que aprendemos, aprendemos de nossos pais.

O que significa que no mundo real, José e Maria tiveram uma influência significativa sobre o verdadeiro Jesus.

Não sabemos o suficiente sobre José para saber o que ele ensinou a Jesus — como caçar, pescar, cortar madeira e como fazer a fundação para uma parede. Mas, porque José era conhecido com um homem "justo" (um *tsadiq*), de acordo com o Evangelho de Mateus 1, podemos ter certeza que José também lhe ensinou o que "pode e não pode" da Torá.

Sabemos muito mais sobre Maria, e é muito importante que consideremos a sua influência sobre Jesus. Podemos retornar uma vez mais ao *Magnificat*, pois neste cântico encontramos estranhas similaridades entre o que Deus revelou através de Maria e o tema central da missão de Jesus. Está é a pergunta que eu gostaria de fazer ao considerarmos as evidências abaixo: Onde você acha que Jesus aprendeu estas coisas?

Primeiro, assim como Maria exclamou "santo é o teu nome", *assim Jesus* ensinou Seus seguidores a orarem ao Pai, "santificado [santo] seja o teu nome". Segundo, assim como Maria exultou com a chegada de comida, o alívio da pobreza e a exaltação daqueles que eram oprimidos quando ela proclamou, "encheu de coisas boas os famintos", *assim seu filho* abençoou o pobre e alimentou os famintos. Terceiro como Maria viu Deus trabalhando "derrubando os governantes de seus tronos", *assim Jesus* regularmente dizia palavras fortes para os líderes políticos e religiosos sobre injustiça e corrupção. Quarto, como Maria conheceu a misericórdia de Deus por ela, por sua prima Isabel, e por seu povo de Israel, *Jesus ficou* famoso por Suas obras de misericórdia e atos de compaixão. Quinto, como Maria desejou a redenção de Israel, como Simeão, Ana e todos os outros *anawim* (pobres justos), *da mesma forma o coração de Jesus* se condoeu pela condição de Israel e Ele ansiava pelo Seu retorno como os pintinhos desejam sua mãe. Finalmente, assim como é quase certo que Maria ficou viúva, *Jesus* saiu do seu caminho para ajudar as viúvas em suas tribulações.

Não parece que alguns destes temas no ministério de Jesus foram moldados por sua mãe? O verdadeiro Jesus aprendeu muitas coisas da verdadeira Maria. Ela influenciou Jesus e o ensinou à moda do *Magnificat*. Ela fez o que as mães sempre fizeram: ensinou os caminhos de Deus ao seu filho.

Alguém poderia facilmente estender estas observações às similaridades entre o *Magnificat* de Maria, sua própria Carta Magna, e os temas de outro filho, Tiago. Leia o *Magnificat* e depois leia a carta de Tiago rapidamente. Você notará pelo menos as seguintes semelhanças, vale a pena investir este tempo para verificar se existe alguma conexão familiar. É possível ver a influência de Maria na bênção de Tiago aos pobres e então, suas duras exortações aos ricos e seu chamado para cuidar das viúvas, assim como sua ênfase na misericórdia, fé, humildade, paz e sabedoria. Mas, quando Tiago 4:6 cita Provérbios 3:34, dizendo, "Deus se opõe aos orgulhosos, mas concede graça aos humildes", e depois continua no versículo 10, "Humilhem-se diante do Senhor, e ele vos exaltará", ele está simplesmente introduzindo o *Magnificat*. Provavelmente esta foi a mensagem que ele ouviu em casa durante toda a sua vida.

Ao admitirmos simplesmente que Maria ensinava e dava o exemplo de um comportamento piedoso diante de seus filhos, justificamos nossa posição na descoberta da influência de Maria nos ensinamentos de Jesus e de Tiago. Sugiro que a verdadeira Maria, era uma mulher influente.

## *A presença influente de Maria no Novo Testamento*

Maria se sobressai dentre os seguidores comuns de Jesus. Às vezes, se diz que Maria raramente aparece nos registros entre os primeiros cristãos. Não parece justo dizer que Maria é personagem marginal na história dos primeiros cristãos.

Vamos rever brevemente o que a Bíblia diz sobre Maria.

- Maria aparece em todos os lugares nos primeiros dois capítulos do Evangelho de Lucas e Mateus, nas narrativas da infância de Jesus em nossos Evangelhos.

- Ela foi um personagem importante nas bodas de Caná.

- Ela levou sua família de Nazaré para Cafarnaum, bateu na porta da casa onde Jesus estava falando e Ele não a atendeu naquele momento.

- O povo da cidade de Nazaré se referia a Jesus como o "filho de Maria" quando Ele ensinava espetacularmente na sinagoga ("Filho de Maria" era uma censura à sua presumida ilegitimidade).

- Certa vez uma mulher abençoou Maria e Jesus replicou, "Antes, felizes são aqueles que ouvem a palavra de Deus e lhe obedecem" (Lucas 11:28).

- Na crucificação Jesus designou o amado apóstolo João, para cuidar de sua mãe. E o Evangelho de João afirma: "Daquela hora em diante, o discípulo a recebeu em sua família."

- Após a morte e ressurreição de Jesus, Maria é mencionada por estar com os primeiros líderes da nova família de Jesus, quando se reuniam para orar e quando o Espírito desceu em Pentecoste.

- No livro de Gálatas 4, Paulo menciona que Jesus foi "nascido de mulher".

- Alguns argumentam que a mulher mencionada em Apocalipse 12 é Maria (embora eu discorde, olharemos esta passagem no próximo capítulo).

Somando todas, há mais de uma dúzia de circunstâncias, no Novo Testamento, nas quais Maria é mencionada, seja de passagem ou detalhadamente. Há aproximadamente 217 versos no Novo Testamento, nos quais Maria aparece. Se a compararmos com outras pessoas, que não sejam Pedro, Paulo e João, ela sobressairá na comparação.

## A influência de Maria nas primeiras igrejas

Maria era a única pessoa que conhecia alguns fatos sobre Jesus. Ela, Deus e José (porque o anjo lhe disse) eram os únicos que sabiam sobre a concepção virginal. Ela, ou foi a única ou uma das poucas pessoas presentes, quando o anjo Gabriel falou, quando Isabel expressou sua alegria sobre o filho dela, quando cantou o *Magnificat* e quando Simeão e Ana profetizaram. Ela era uma das duas pessoas presentes quando os pastores anunciaram suas boas-novas e quando os magos ofereceram seus presentes a Jesus, o recém-nascido rei. Ela era uma das poucas pessoas que sabia sobre o vinho em Caná e foi uma das poucas que ouviu Jesus falar quando estava pregado na cruz. Então, quando se argumenta que os Evangelhos, em parte são as memórias de Maria, devemos concordar com a corrente geral: De quem mais poderiam os cristãos primitivos — e os evangelistas — ter aprendido acerca destas coisas senão de Maria?

Há boas razões para Lucas nos dizer que Maria passou tempo significativo meditando na história de Jesus. Há boas razões para pensarmos que Maria não só meditava naquela história, mas também a passava adiante. Pelo menos, *Maria* tinha um orgulho justificável de seu filho — quem não teria orgulho de ser a mãe do Messias? No mundo real, as mães contam histórias sobre seus filhos. Maria também fez isto. Para que se compusesse um relato verdadeiro sobre Jesus, os evangelistas e outros cristãos primitivos teriam procurado Maria para perguntar-lhe como Jesus era, para perguntar-lhe o que Ele dizia, a quem e por quê. Ela estava no meio da comunidade cristã primitiva como uma fonte de informações sobre Jesus.

Quando Lucas afirma no livro de Atos 1:14, que os apóstolos de Jesus tinham retornado a Jerusalém e que "Todos eles se reuniam sempre em oração, com as mulheres, inclusive Maria, a mãe de Jesus, e com os irmãos dele", quem estava lá? Os apóstolos, e junto com eles as mulheres, Maria e os irmãos de Jesus. Lucas nos diz que havia cerca de 120 cristãos presentes.

Mencionar Maria junto com os irmãos de Jesus é uma indicação de sua importância para aquela primeira reunião dos seguidores de Jesus. Nada mais vemos sobre ela nas páginas do Novo Testamento, mas podemos estar certos de que Maria continuou sendo a mulher que sempre foi: corajosa, perigosa, fiel, assertiva e desejando ardentemente o reino de Deus.

Sabemos que Maria partilhava nas orações daquela comunidade, ela participou do dia da descida do Espírito Santo, quando foi derramado o dom de línguas no Pentecoste, e certamente fez parte daquelas primeiras reuniões da ativa igreja apostólica. Lembre-se que Jesus entregou Sua mãe ao Seu primo João. E João, se também lembramos, era um líder importante nas primeiras igrejas em Jerusalém. Se Maria ficou com João, ela fez parte daquelas primeiras comunidades.

Ela testemunhou estes acontecimentos, conforme os registros em Atos 2:42-47.

> "Eles [inclusive Maria] se dedicavam ao ensino dos apóstolos e à comunhão, ao partir do pão e às orações. Todos estavam cheios de temor, e muitas maravilhas e sinais eram feitos pelos apóstolos. Os que criam mantinham-se unidos e tinham tudo em comum. Vendendo suas propriedades e bens, distribuíam a cada um conforme a sua necessidade. Todos os dias continuavam a reunir-se no pátio do templo. Partiam o pão em suas casas, e juntos participavam das refeições, com alegria e

sinceridade de coração, louvando a Deus e tendo a simpatia de todo o povo. E o Senhor lhes acrescentava diariamente os que iam sendo salvos."

Na verdade, não é difícil conectar os pontos entre o *Magnificat* de Maria, os ensinamentos de Jesus sobre o reino de Deus no Evangelho de Lucas (capítulos 4,6 e 7), e estas igrejas nas casas, em Jerusalém, onde as finanças eram compartilhadas e havia responsabilidade mútua. O reino de Deus recriaria a sociedade através do relacionamento com Jesus, formando uma nova família que viveria de acordo com a vontade de Deus. Esta comunidade da primitiva Jerusalém onde tudo era compartilhado testifica o que Maria predisse no *Magnificat* quando anunciou que o pobre teria suas necessidades supridas. Ao ligar estas passagens, estou sugerindo que ela exerceu influência naquelas comunidades primitivas.

Devemos ser cautelosos — mas não céticos — sobre a influência de Maria sobre Jesus, Tiago e sobre as igrejas cristãs primitivas.

## *Maria, José, sexo e outros filhos*

Fizemos o nosso melhor para evitar intrigas nos debates sobre os ensinos protestantes e católicos romanos sobre Maria. Mas, vamos explorar um destes debates e mais uma vez falar realisticamente: vejamos as relações sexuais de Maria com José. Se ela teve relações sexuais com José, o que é muito provável, então os nomes dos seus filhos podem nos dar algumas pistas sobre a influência de Maria.

Maria teve filhos depois de Jesus? Com pouquíssimas exceções, todos os cristãos do segundo e terceiro século em diante criam que Maria foi virgem perpetuamente. O que quer dizer que ela não somente concebeu como virgem, ela foi (como um credo primitivo defende) "virgem para sempre". O que significa que, no caso de necessitarmos preencher as lacunas, ela e José viveram como marido e mulher sem manter relações sexuais. Isto surpreende muitos de nós. O que pode nos surpreender mais ainda, é que três dos mais importantes líderes protestantes — Martinho Lutero, João Calvino e John Wesley — que, em suas próprias maneiras, eram muito críticos quanto ao que os católicos criam sobre Maria, cada um deles cria na virgindade perpétua de Maria.

Se José e Maria não mantiveram relações sexuais — alguns protestantes podem perguntar — "por que não"? Outras explicações foram dadas, mas a resposta padrão é que tanto José quanto Maria sabiam da sacralidade do ventre de Maria por ter carregado o Filho de Deus, e essa conscientização os levou a pensar que as relações sexuais seriam impróprias.

Então, ela foi perpetuamente virgem? Há duas grandes razões porque muitos protestantes — e nós alteramos nossa posição quanto a esta questão desde os dias daqueles primeiros líderes — mantêm a posição de que Maria e José tiveram uma vida sexual normal e tiveram filhos. Primeiro, o evangelho de Mateus 1:25 diz que José "não teve relações com ela [Maria] *enquanto* ela não deu à luz um filho". É possível que José não se tenha unido a ela "até" que eles se casaram assim como "após" terem se casado. Mas, em quase todos os casos nos quais a palavra "até" é usada, há uma mudança de condições após o "até". Assim, presume-se que este *até* significa que depois do nascimento de Jesus, José e Maria tiveram relações sexuais.

Segundo, e mais importante, o Novo Testamento afirma regularmente, que Jesus tinha "irmãos" e "irmãs". Embora estes termos possam se referir a primos, parentes, meio-irmãos e irmãos adotivos, usa-se normalmente os termos *irmão* e *irmã*, para o caso de *irmãos de sangue*. Uma das regras básicas da interpretação é que as palavras carregam um significado normal, a menos que o contexto sugira de outro modo. Aqui está a minha própria conclusão — e a compartilho com a maioria dos intérpretes protestantes: não há nada em qualquer dos contextos que mencione os irmãos e irmãs de Jesus, que sugira que as palavras signifiquem algo além de irmãos e irmãs de sangue.

Eu me associo à visão da maioria protestante sobre esta questão: é muito provável que Maria e José tiveram uma vida sexual normal e que os "irmãos" e "irmãs" de Jesus fossem mais jovens do que Ele. Se este for o caso, os nomes dos irmãos de Jesus contam a história.

## *As lembranças de Maria ao dar nomes aos seus filhos*

No Evangelho de Marcos 6:3 está registrado o nome dos irmãos de Jesus: "Tiago, José, Judas e Simão," em hebraico: *Yakov, Yoseph, Yehudah* e *Shimeon*. Vamos primeiro compreender alguns itens claros. O primeiro — Maria e José, logo após o nascimento de Jesus, foram advertidos por um anjo para fugir para o Egito. O segundo — o relato bíblico dos filhos de Israel no Egito inclui a bênção de Jacó (*Yakov*) sobre os seus 12 filhos, três dos quais se chamavam, *Yoseph, Yehudah* e *Shimeon*. A escolha destes nomes por José e Maria nos relata algo muito significativo sobre Maria.

Para exemplificar o que explicaremos nos mínimos detalhes, nossa conclusão será esta: no Egito, José e Maria deram os nomes *Yakov, Yoseph, Yehudah* e *Shimeon* aos seus filhos para evocar a convicção de que Deus libertaria Israel de Roma e daria a Israel novos líderes para as "tribos". Enfatizo — esta é uma sugestão.

Deixe-me explicar os fatos e colocá-los juntos de modo a revelar minha hipótese de que os nomes dos irmãos de Jesus evocavam o tema da libertação e da criação de um novo Israel. Devemos recordar que Jacó, também chamado de Israel, tinha 12 filhos; um deles, José — que tornou-se o príncipe do Egito e para lá atraiu seus irmãos. Com o tempo, estes filhos — chamados agora de "filhos de Israel" — foram escravos no Egito e desejavam retornar para a sua Terra. Deus entrou em cena neste momento e fez um milagre — na Páscoa — Deus libertou Israel de Faraó e Israel retornou (depois de 40 anos vagando pelo deserto) para a Terra, onde estabeleceram uma nação com 12 tribos.

Agora entram José e Maria; eles também estavam passando pelo Egito e também, desejavam retornar. Aqui está minha alegação: José e Maria deram estes nomes aos filhos enquanto estavam no Egito ou talvez depois que retornaram, *Yakov, Yoseph, Yehudah* e *Shimeon*. Cada um destes nomes, embora comuns, se derivava dos líderes das tribos de Israel. Minha sugestão é a seguinte: Maria e José deram o nome de líderes a seus filhos para expressar sua esperança de que Deus libertaria Israel de Roma e estabeleceria Seu filho Jesus, e seus irmãos como os novos líderes de Israel. Considero esta uma possibilidade. Maria e José deram aos seus filhos nomes que evocam o sonho da libertação da opressão, que Deus daria a Israel. Conclua por si mesmo.

Quer você se junte a mim nesta sugestão, ou não, não há dúvida de que Maria, a mãe de Jesus, era uma mulher influente em sua família imediata (com Jesus e Tiago) e na família cristã primitiva que se assentava ao redor de Jesus. Aceite este capítulo como um compromisso dos protestantes evangélicos com a Bíblia e com sua exploração sobre a influência de Maria. Consideraremos a partir de agora, como a vida da verdadeira Maria exerceu maior influência na história da Igreja.

# 12

# Protestantes, Católicos Romanos e Maria
## MULHER DE CONTROVÉRSIA 1
### *Os primeiros desenvolvimentos*

*Depois da crucificação,* Maria aparece no livro de Atos dos Apóstolos 1. Não sabemos muito, mas o que aprendemos é significativo: ela era parte dos primeiros devotados seguidores de Jesus que se reuniram no Dia de Pentecostes para orar. E suas orações certamente foram respondidas — pois o Espírito desceu e colocou os seguidores de Jesus na história que se perpetua até os nossos dias. O fato de Maria ser parte do pequeno "grupo" de seguidores de Jesus, nos informa que Maria aceitou a cruz como obra de Deus e compreendeu aquela cruz à luz da ressurreição. No entanto, no Pentecoste ouve-se a última palavra sobre Maria no Novo Testamento.

Mas o que aconteceu a Maria após o Pentecoste? Realmente não sabemos. Porém, por mais de quase 2.000 anos de história da igreja, os cristãos são mais compelidos a preencher as lacunas daquilo que não sabemos sobre Maria do que de qualquer outro personagem do Novo Testamento. Essa história, se alguém estiver interessado, foi maravilhosamente contada pelo teólogo da Universidade de Yale, EUA, Jaroslav Pelikan, em seu livro *Maria Através dos Séculos* (Companhia das Letras, 2000).

A história de Maria desenvolve-se continuamente na história da Igreja universal, embora seus desenvolvimentos na Igreja Católica Romana e na Ortodoxa Oriental superem qualquer coisa que os protestantes tenham dito. Os protestantes investiram parte de seu tempo, argumentando contra a maioria dos fatos acerca de Maria nas tradições Católica Romana e Ortodoxa. No capítulo 11 começamos a observar a continuidade desta história sobre Maria.

Analisaremos a partir de agora, as principais ideias sobre Maria que foram desenvolvidas especialmente na Igreja Católica Romana. Se concordarmos ou não com os nossos amigos católicos romanos sobre Maria, deveremos pelo menos nos informar sobre o que outros ramos da igreja creem para que possamos conversar uns com os outros de maneira respeitosa e inteligente —, pois sabemos que às vezes, nossas respostas uns aos outros são pouco mais do que reações impensadas.

Vamos começar com as principais semelhanças entre protestantes e católicos: ambos cremos na concepção sobrenatural de Jesus. Isto nos permite unir nossas mãos numa doutrina muito significativa da fé cristã. Howard Marshall, um conhecido estudioso evangélico do Novo Testamento, se expressa desta maneira quanto à milagrosa concepção de Jesus: "No final, é uma questão de estarmos preparados para crer no poder criativo do Espírito de Deus…" Juntos, católicos romanos e muitos protestantes não só estão preparados para crer, mas realmente creem na concepção virginal como resultado do Espírito criativo de Deus.

Alguns ficam surpresos com outras semelhanças: há o que eu chamo de uma crescente "mania de Maria" — um amor crescente dos protestantes por Maria. Ninguém revela melhor esta tendência do que Tim Perry, professor de teologia de uma faculdade cristã no Canadá, a Providence. Em seu novo livro, *Mary For Evangelicals* (Maria para Evangélicos), Tim apresenta o que pode ser chamado somente de "teologia evangélica de Maria". Seu livro ilustra que para muitos a Guerra Fria entre católicos e protestantes, sobre Maria, chegou ao fim. Um acordo está começando a estender-se além dos ensinamentos sobre a concepção virginal.

Não seremos justos nesta discussão, a não ser que coloquemos sobre a mesa a Grande Diferença: os protestantes limitam sua teologia tanto quanto possível à Bíblia. Os católicos romanos ancoram suas crenças tanto na Bíblia quanto no desenvolvimento contínuo da Tradição. Não há como evitar: toda discussão entre protestantes e católicos eventualmente termina com os dois colocando o assunto sob a influência da Tradição.

Mas nós protestantes, devemos saber isto: nenhum católico romano se incomoda com a acusação rotineira dos protestantes de que o que eles creem sobre Maria não está no Novo Testamento. Eles já sabem disto e não os perturba. O que os católicos romanos creem é que as imagens neotestamentárias de Maria, que já esboçamos nos 11 capítulos anteriores, são como uma figura de origami que tem sido desdobrada nas tradições da igreja por quase 2.000 anos, e cada desdobramento traz maior discernimento sobre Maria. Os católicos romanos referem-se às imagens neotestamentárias e a seus desenvolvimentos na Tradição, como a *verdadeira* Maria.

Voltamos nossa atenção aos ensinamentos da Igreja Católica Romana porque seus ensinamentos sobre Maria são os mais completos. Estamos conscientes de que a Igreja Ortodoxa compartilha alguns dos desenvolvimentos encontrados na tradição católica. Embora fosse interessante engajarmo-nos na comparação das visões católicas e ortodoxas sobre Maria, prefiro deixar que isto seja feito por especialistas nessas tradições.

Para representar o ponto de vista católico romano, citaremos fontes católicas romanas para um entendimento oficial das áreas que exploramos. É importante para todos nós, aprendermos a ser justos em nossas descrições sobre as crenças de outrem. Repito novamente, os católicos sabem que o que eles creem sobre Maria é uma consequência do Novo Testamento, e que estas crenças não são declaradas explicitamente na Bíblia. Portanto, há pouca necessidade de uma e outra vez afirmar e reafirmar que (1) tal visão não é encontrada nas Escrituras e (2) que os católicos romanos a aceitam devido à sagrada Tradição na formação de sua fé e crenças. Tome isto como referencial sobre cada uma das discussões seguintes.

Neste e no próximo capítulo veremos os termos que expressam o desenvolvimento contínuo da vida de Maria no ensinamento católico romano.

## *Apocalipse 12*

O que aconteceu a Maria após o que lemos no livro de Atos 1:14? Ela desapareceu? De acordo com alguns estudiosos da Bíblia, e esta visão frequentemente surpreende os cristãos evangélicos, Maria aparece uma vez mais no Novo Testamento — no livro de Apocalipse 12. Aqui está o texto, usei o itálico para destacar as expressões que levam alguns teólogos a pensar que Maria é a mulher de Apocalipse 12. Tenho visto a surpresa no rosto de alguns protestantes quando lhes chamo a atenção, por isso, sugiro que leiamos cuidadosamente estes versos de Apocalipse:

"Apareceu no céu um sinal extraordinário: uma mulher vestida de sol, com a lua debaixo de seus pés e uma coroa de doze estrelas sobre a cabeça. *Ela estava grávida e gritava de dor, pois estava para dar à luz.* Então apareceu no céu outro sinal: um enorme dragão vermelho com sete cabeças e dez chifres, tendo sobre as cabeças sete coroas. Sua cauda arrastou consigo um terço das estrelas do céu, lançando-as na terra. *O dragão colocou-se diante da mulher que estava para dar à luz, para devorar o seu filho no momento em que nascesse. Ela deu à luz um filho, um homem que governará todas as nações com cetro de ferro. Seu filho foi arrebatado para junto de Deus e de seu trono.* A mulher fugiu para o deserto, para um lugar que lhe havia sido preparado por Deus, para que ali a sustentassem durante mil duzentos e sessenta dias. Houve então guerra nos céus, Miguel e seus anjos lutaram contra o dragão e o dragão e os seus anjos revidaram..." (Apocalipse 12:1-7).

"Quando o dragão foi lançado à terra, começou a perseguir a mulher que dera à luz o menino. Foram dadas à mulher as duas asas da grande águia, para que ela pudesse voar para o lugar que se lhe havia sido preparado no deserto, onde seria sustentada durante um tempo, tempos e meio tempo, fora do alcance da serpente. Então a serpente fez jorrar da sua boca água como um rio, para alcançar a mulher e arrastá-la com a correnteza. A terra porém, ajudou a mulher, abrindo a boca e engolindo o rio que o dragão fizera jorrar da sua boca. O dragão irou-se contra a mulher e saiu para guerrear contra *o restante de sua descendência, os que obedecem aos mandamentos de Deus e se mantêm fiéis ao testemunho de Jesus"* (Apocalipse 12:13-17).

Parece tão claro que esta mulher desta visão de Apocalipse dá à luz ao menino Jesus; ela com certeza é Maria. Ou será que não? O que se segue ao nascimento de Jesus não parece referir-se a Maria. Pois nada sabemos sobre ela ter sido atacada por Satanás logo após dar à luz; Maria não fugiu para o deserto por 1260 dias (que saibamos) — embora tenha fugido para o Egito; a fuga de Maria — a imagem de Maria com asas — não nos é conhecida; nada sabemos que sugira que a terra tenha de algum modo protegido Maria; nada conhecemos sobre isto no Novo Testamento — a menos que seja o fato de João ter-se tornado seu "filho" — que dê a ideia de que todos os seguidores de Jesus são seus "descendentes". Se o versículo sobre o nascimento parece falar de Maria, nada mais no texto corrobora esta suposição.

Os protestantes frequentemente se opõem à afirmação de que Maria seja a mulher mencionada no livro de Apocalipse 12, observando que tal interpretação surgiu somente no século 6.º, que o autor não identifica a mulher como sendo Maria; e que os detalhes do nascimento não se assemelham aos que aconteceu em Belém. Há um consenso entre os estudiosos protestantes que a "mulher" de Apocalipse 12 simboliza o Povo de Deus, Israel e a Igreja. É possível que esta mulher seja *ambos Maria e o Povo de Deus,* ou talvez Maria *e* Israel *e* a Igreja? Ben Witherington III, um notável estudioso evangélico crê que sim.

Talvez mais protestantes precisem estudar cuidadosamente e com muita oração esta passagem.

Observe alguns termos que foram usados para referir-se a Maria nas igrejas primitivas, nos primeiros quatro ou cinco séculos depois de Cristo.

## *Sem pecado*

A Igreja Católica Romana crê e ensina que Maria não tinha pecado. Aqui está uma declaração completa da *Enciclopédia Católica*, (que se lê como enciclopédia, então dê uma chance ao texto):

> As Escrituras e a tradição concordam em atribuir-lhe maior santidade pessoal. Ela foi concebida sem a mancha do pecado original; demonstrou grande humildade e paciência em sua vida diária (Lucas 1:38,48); exibe uma paciência heroica diante das circunstâncias mais difíceis (Lucas 2:7;35,48; João 19:25-27). Quanto à questão do pecado, Maria deve ser sempre excluída [...] Os teólogos asseguram que Maria era imaculada, não pela perfeição de sua natureza, mas por um privilégio Divino especial. Além disso, os padres, pelo menos desde o século 5.º, quase que unanimemente, mantêm que a Virgem Abençoada nunca experimentou inclinação às concupiscências.

Aqui está a afirmação principal do *Catecismo da Igreja Católica*:

> Maria se beneficiou primeira e unicamente da vitória de Cristo sobre o pecado: ela foi preservada de toda a mancha do pecado

original e por especial graça de Deus, não cometeu pecado de qualquer natureza durante toda a sua vida terrena.

O ensino oficial da igreja católica não crê que Maria nasceu perfeitamente desenvolvida, mas ao contrário, Maria cresceu em sua fé e se desenvolveu moralmente. Porém, o ensino oficial afirma que neste processo de amadurecimento ela não pecou. Sim, ela enfrentou tentações, mas não pereceu. Sim, ela poderia ter pecado, mas não, ela não pecou.

Isto é o que deve ser dito sobre os que os católicos creem: Maria não pecou porque ela era divina. A impecabilidade de Maria no ensino oficial se deve somente à graça de Deus. A palavra grega *kecharitomene* em Lucas 1:28 foi traduzida por "agraciada", na Bíblia *Nova Versão Internacional*. No entanto, na teologia católica romana aquela palavra é traduzida por c*heia* de graça, que é uma interpretação justa e literal. Isto leva os católicos à conclusão de que ela "cheia de graça" não podia pecar e não pecou. O importante neste argumento é que a impecabilidade de Maria é entendida na teologia católica, como resultado da obra graciosa de Deus e não da obra meritória de Maria.

É claro que os católicos romanos sabem que nem todos os cristãos concordam com a ideia da impecabilidade de Maria. A *Enciclopédia Católica* faz uma introdução no parágrafo citado acima com um breve esboço de alguns teólogos cristãos que criam que Maria pecou. A única resposta apropriada a este ensinamento é que cada pessoa examine o que a Bíblia diz, o que a igreja já disse e então, conclua. Em particular, os evangélicos serão instigados a examinar três passagens nos Evangelhos: A escolha surpreendente de Jesus de permanecer no templo quando Ele tinha 12 anos, as palavras de Maria para Ele; as palavras de Maria para Jesus nas bodas de Caná e depois a tentativa de Maria em fazer Jesus retornar a Nazaré no início do Seu ministério — textos já discutidos neste livro.

Pode ser uma surpresa para muitos leitores saber, que Santo Agostinho, que ficou famoso por sua discussão em prol do ensino da absoluta pecabilidade de todos e que moldou o entendimento sobre o pecado original da igreja católica, e da protestante, ele mesmo cria que Maria não tinha pecado. Aqui estão as palavras dele, que muitas vezes chocam os protestantes:

> "Temos que *isentar a santa Virgem Maria,* sobre quem *não desejo questionar* quando se trata do assunto de pecados, por honra ao Senhor, pois dele sabemos *que abundância de graça para vencer cada pecado em particular, foi conferida a ela,* que teve o mérito de conceber e dar à luz Jesus, que sem dúvida não tinha pecado."

Muitos seguiram Agostinho nesta conclusão, inclusive alguns dos grandes teólogos protestantes — como Martinho Lutero.

Porém, antes de Agostinho muitos criam que Maria pecou e precisava da redenção pessoal. Como Tim Perry resume este período na história da igreja, "Para os pais da igreja, de Ignácio até Atanásio, Maria era um ser humano que errava demonstrando impaciência, falta de fé e dúvida." Nestes pontos, muitos de nós hoje concordaríamos.

Se alguém desdobrar a impecabilidade de Maria na teologia católica, também descobrirá duas outras dimensões do que os católicos creem sobre Maria. Ela é a *Segunda Eva* e ela é a *Mãe da Igreja.* Se Jesus foi profetizado no Antigo Testamento, por que não Maria? Não se discute que no livro de Isaías 7, foi profetizado que Jesus nasceria de uma virgem, mas há outras passagens que anunciaram Maria?

Esta é precisamente a pergunta que Irineu, um grande defensor da fé apostólica, fez 100 anos depois de Jesus. "O nó da desobediência de Eva foi desfeito pela obediência de Maria", disse ele. Este é o versículo do Antigo Testamento que gerou a interpretação de que Maria seria a Segunda Eva:

> "Porei inimizade entre você e a mulher, entre a sua descendência e o descendente dela; este lhe ferirá a cabeça e você lhe ferirá o calcanhar" (Gênesis 3:15).

O verdadeiro argumento é este: Assim como Eva desobedeceu, Maria obedeceu. Assim como, o pecado de Eva levou à desestruturação de outros, a escolha de Maria em não pecar levou à reestruturação de outros. Da mesma forma que, Adão desobedeceu e Jesus obedeceu. Assim: se há um Segundo Adão (Cristo), há também uma Segunda Eva (Maria). Novamente, para alguns evangélicos isto equivale a uma blasfêmia, pois coloca Maria praticamente junto com Jesus na obra redentora de Deus. Por mais incômoda que esta ideia possa ser, a analogia feita dentro de um espaço de século depois de Jesus, moldou a teologia católica romana.

## *Mãe de Deus*

Os católicos romanos nunca hesitaram em chamar Maria de "mãe de Deus". A expressão faz soar um alarme entre os evangélicos. Deveria? Se Jesus é Deus e Maria é sua mãe, então Maria é mãe de Deus. Por favor, note "mãe de Deus" não significa que ela existia antes de Deus e deu à luz a Deus, mas aquela que "carregou" Deus no seu ventre como "portadora ou berço de Deus". É racional ligar Jesus a Deus, Maria a Jesus e Maria como mãe de Deus, mas o ímpeto protestante é de seguir *sola scriptura:* "vamos primeiramente à Bíblia".

O Novo Testamento ensina que Maria é "mãe de Deus?" Isabel perguntou o seguinte a Maria: "Mas por que sou tão agraciada ao ponto de me visitar a *mãe de meu Senhor?*" Mãe de Deus, mãe do Senhor — há diferença? Para a maioria de nós é muito mais fácil falar de Maria como a "mãe do Senhor" do que como a "mãe de Deus". Porém, temos que admitir que há evidência bíblica para chamar Maria de "mãe de Deus" ou "mãe do Senhor".

Podemos concordar que a expressão "mãe de Deus" teve um papel significativo em uma das principais divergências no desenvolvimento do entendimento cristão tradicional de Jesus Cristo, a Segunda Pessoa da Trindade. Em 431 d.C., o Concílio de Éfeso consignou os ensinamentos de Nestório, o qual afirmou que Maria deu à luz a um homem chamado Jesus, mas que ela não deu à luz ao Verbo. Nestório dividia Jesus como parte Deus e parte humano. O Concílio de Éfeso discordou e estabeleceu uma conclusão muito maior: a divindade e a humanidade de Jesus, Suas duas naturezas, estavam *perfeitamente fundidas em uma pessoa,* assim Jesus não é Deus *e* homem, mas Deus-homem. Se Jesus é Deus-homem em uma só pessoa e não só Deus *e* homem, então Maria deu à luz a uma só pessoa que é Deus-Homem. Se ela o fez, então ela é de algum modo "berço ou portadora de Deus" e não simplesmente "berço de Cristo" (como Nestório ensinava).

Aqui está uma observação importante: A expressão "berço de Deus" logo mudou para a expressão "mãe de Deus". Portanto, quando os teólogos falam da "mãe de Deus" eles querem dizer "portadora de Deus". Nós protestantes podemos e legitimamente devemos ficar com toda a igreja, sobre a importância do que o Concílio de Éfeso decidiu. Se "Mãe de Deus" significa "portadora de Deus" como aquela que deu à luz ao Jesus humano, que como uma só pessoa era o Deus-homem, então nós também podemos ficar junto com os católicos declarar Maria como a "Mãe de Deus".

Para muitos de nós nem "portadora de Deus", nem "Mãe de Deus" é a questão. A pergunta que fazemos é esta: Chamar Maria de "Mãe de Deus" envolve veneração, adoração e devoção a Maria? A expressão se mistura com "Esposa de Deus" ou mesmo "Mãe da Trindade"? Será dada atenção para Maria ou, como foi no início a intenção, chamará a atenção para Jesus Cristo como totalmente Deus e totalmente homem, como Deus-homem? Por causa das implicações de que "mãe de Deus" pode acarretar, a maioria dos protestantes evita chamar Maria a "mãe de Deus", mas nós, não devemos hesitar em nos referirmos a Maria como "portadora de Deus".

### *Perpetuamente virgem*

O Evangelho de Mateus 1:25, relata que José "não teve relações com ela enquanto ela não deu à luz um filho". A maioria de nós evangélicos crê que José, *uniu-se* a Maria após ela dar à luz ao menino Jesus. O que surpreende os protestantes é que os católicos e os ortodoxos acham que José e Maria jamais tiveram essa união. Deste suposto fato deriva-se a virgindade perpétua de Maria.

Esta crença desenvolveu-se muito cedo na igreja. É importante notar que tal crença sobre Maria surgiu junto com a ideia de o compromisso celibatário ser a mais nobre forma de vida espiritual. Orígenes foi o primeiro teólogo importante da igreja (no início do século 3.º) e também celibatário, disse em seu comentário de João: "Não há outro filho de Maria, senão Jesus, *de acordo com a opinião daqueles que pensam corretamente a respeito dela.*" E ele também disse que ela, "não se relacionou sexualmente com nenhum homem" e "com relação à pureza, que consiste na castidade, Jesus foi o primeiro entre os homens e Maria a primeira entre as mulheres".

Pouco mais de um século depois, Jerônimo (345–419) escreveu um ataque mordaz a Helvídio, um teólogo romano contemporâneo, que cria exatamente no que a maioria dos protestantes creem hoje: José e Maria tiveram relações sexuais e tiveram filhos de tal união. O caso mais famoso de Jerônimo foi o dos "irmãos e irmãs" que no Evangelho podiam significar "primos" ou "parentes". Esta interpretação tem sido mantida por toda a história da Igreja Católica Romana. Jerônimo também era profundamente comprometido ao celibato e achava que o casamento era, se o lermos com generosidade, bom, mas também um estilo de vida muito mais exigente para a formação espiritual. Em outras palavras, para Jerônimo o celibato era a mais alta forma de espiritualidade.

Do tempo de Jerônimo em diante, a maioria dos cristãos afirma que Maria nunca teve relações sexuais com José. As questões quiseram demonstrar essencialmente que o que alguns pensavam que a Bíblia afirmava, de fato não o era. Aqui precisamos nos lembrar o que foi dito no capítulo 11: primeiro que a afirmação, "até que deu à luz," de Mateus 1:25, pode não significar que depois Maria e José tiveram relações; e segundo, que "irmãos" pode significar meio-irmãos ou primos. Se esta interpretação das Escrituras é aceita, então, a difundida crença na virgindade perpétua é possível.

O que a virgindade perpétua ensina sobre Maria é que sua tarefa foi tão santa e que seu ventre foi tão santificado pela graça de Deus, que José concluiu, por reverência ao que Deus tinha feito, que ele simplesmente não "invadiria" o que era santo. Embora possamos não concordar que José tenha considerado tais pensamentos, podemos entender porque alguns concluem que Maria foi virgem perpetuamente.

Estas três crenças sobre Maria — que ela não tinha pecado, que era a "mãe de Deus" e que ela permaneceu virgem para sempre — desenvolveram-se muito cedo na igreja. Agora, vamos olhar os últimos desenvolvimentos na igreja católica.

# 13

# *Protestantes, Católicos Romanos e Maria*
## MULHER DE CONTROVÉRSIA 2
### *Os últimos desenvolvimentos*

*Julian Charley, um* teólogo britânico, traz à superfície o instinto dos protestantes, quando ele diz o seguinte sobre os desenvolvimentos a respeito do que os católicos romanos creem sobre Maria: "a impressão geral [do que o catolicismo ensina sobre Maria] é um pintura que tem pouca semelhança com o que encontramos no Novo Testamento [ ... ] Maria é elevada a uma altura que lhe confere um status semidivino, apesar de todos os protestos [pelos católicos] ao contrário." Como os termos que agora precisamos discutir são tão inconstantes para alguns protestantes e correspondentemente preciosos para alguns católicos romanos, teremos cuidado especial para entendê-los clara e corretamente.

*A concepção imaculada*

Os católicos romanos usam dois termos que os protestantes leigos normalmente confundem: concepção *virginal* e concepção *imaculada*. A primeira se refere à concepção sobrenatural de Jesus no ventre de Maria que era virgem no momento da concepção. A segunda expressão, concepção imaculada, refere-se à *preservação sobrenatural* de Maria do pecado desde o momento da sua concepção no ventre de sua mãe. Maria foi concebida normalmente; sua mãe e pai tiveram relações sexuais, que geraram um bebê. Mas, no instante que Maria foi concebida, diz o ensinamento sobre a imaculada concepção, Deus graciosamente trabalhou nela para que ela pudesse ser "imaculada" ou sem pecado.

Foi em 1854 que a imaculada concepção de Maria se tornou um ensinamento oficial da doutrina católica. O Papa Pio IX, no dia 8 de dezembro, declarou oficialmente que Maria foi imaculadamente concebida. Observe as palavras e as consequências por não crer no dogma:

> "A doutrina que sustenta que a beatíssima Virgem Maria, no primeiro instante da sua Conceição, por singular graça e privilégio de Deus onipotente, em vista dos méritos de Jesus Cristo, Salvador do gênero humano, foi preservada imune de toda mancha de pecado original, essa doutrina foi revelada por Deus, e por isto deve ser crida firme e inviolavelmente por todos os fiéis.
>
> Portanto, se alguém (que Deus não permita!) deliberadamente entende de pensar diversamente de quanto por Nós foi definido, conheça e saiba que está condenado pelo seu próprio juízo, que naufragou na fé, que se separou da unidade da Igreja, e que, além disso, incorreu por si, "ipso facto", nas penas estabe-

lecidas pelas leis contra aquele que ousa manifestar oralmente ou por escrito, ou de qualquer outro modo externo, os erros que pensa no seu coração."

Nós protestantes instintivamente simpatizamos até certo ponto com esta doutrina porque acreditamos no pecado original — que cada um de nós já nasce pecador. Eu ouvi teólogos protestantes dizerem que o pecado original é a coisa mais demonstrável que cremos: basta ler os jornais. A correlação entre os nascidos humanos e humanos que pecam é tão alta (fica em torno de um para um!) que conclui-se que os humanos nascem assim.

Não só aprendemos sobre o pecado original, mas a maioria de nós também aprendeu que a concepção *virginal* (de Jesus) ocorreu para preservar Jesus do pecado original. Nossa crença levanta esta questão: Se Jesus foi preservado do pecado original por não ter um pai, Maria teria pecado original que poderia passar para Ele? Se crermos que todos nascem em pecado, então Maria também nasceu com natureza pecadora. Se este é o caso (e eu não posso negá-lo), então, ela passou para Jesus sua natureza pecaminosa? Se dissermos que "não", temos que explicar. Aprofunde-se na doutrina da imaculada concepção. A imaculada concepção é a crença de que Maria, pela obra graciosa de Deus, foi limpa para que não passasse para seu filho a natureza pecaminosa. Concordemos com este dogma ou não, ele faz sentido para os protestantes.

Porém, gostaria de fazer uma observação que se tornou uma convicção de minha parte após pensar durante anos sobre o que os evangelhos dizem e não dizem sobre a concepção virginal. O Novo Testamento *nunca* ligou a "impecabilidade" de Jesus ao nascimento, à concepção virginal. A ligação entre a impecabilidade de Jesus e a concepção virginal é feita pelos *teólogos cristãos,* mas os escritores do Novo Testamento não fizeram essa conexão. E isto me leva a estas perguntas: Se Deus pode com um simples ato de graça e pureza transformar Maria no ventre de sua mãe em uma criatura sem pecado, porque nós não poderíamos crer que Deus simplesmente teria realizado um milagre com Jesus no ventre de Maria? É necessária a imaculada concepção? Os protestantes podem bem discutir que a imaculada concepção faz sentido ou que é consistente com a impecabilidade de Jesus, mas eles também querem perguntar: É bíblica e é necessária?

## *Assunção gloriosa*

Porque os católicos romanos creem que Maria foi concebida imaculadamente e sem pecado e porque as consequências do pecado são doenças, envelhecimento e morte, também concluíram que o final de Maria poderia ter sido, e de fato foi, anormal. Ao invés de morrer e decompor-se como outros humanos, Maria "morreu" na presença dos outros, porém quando eles olharam sua tumba, ela tinha sumido. Isto se chama a "gloriosa assunção" de Maria, e os católicos romanos celebram este acontecimento. João de Damasco, um teólogo muito estimado do século 7.º, juntou várias tradições sobre a morte de Maria e declarou assim:

> "São Juvenal, bispo de Jerusalém, no Concílio de Calcedone (451 d.C.), comunicou ao Imperador Márcian e Pulcheria, que desejava ter o corpo da Mãe de Deus, que Maria morreu na presença de todos os apóstolos, mas que a sua tumba, quando aberta, por pedido de São Tomé, estava vazia; donde os apóstolos concluíram que seu corpo teria sido levado aos céus."

Esta convicção se tornou dogma oficial no dia 1 de novembro de 1950, quando o Papa Pio XII o declarou como um dogma sólido e infalível:

"Pelo que, depois de termos dirigido a Deus repetidas súplicas, e de termos invocado a paz do Espírito de verdade, para glória de Deus onipotente que à virgem Maria concedeu a sua especial benevolência, para honra do seu Filho, Rei imortal dos séculos e triunfador do pecado e da morte, para aumento da glória da sua augusta mãe, e para gozo e júbilo de toda a Igreja, com a autoridade de nosso Senhor Jesus Cristo, dos bem-aventurados apóstolos s. Pedro e s. Paulo e com a nossa, pronunciamos, declaramos e definimos ser dogma divinamente revelado que: a imaculada Mãe de Deus, a sempre virgem Maria, terminado o curso da vida terrestre, foi assunta em corpo e alma à glória celestial."

Há, é claro, garantia bíblica para os seres humanos "subirem" aos céus: em Gênesis 5:24, lemos estas palavras: "Enoque andou com Deus, e já não foi encontrado, pois Deus já o havia arrebatado." Sobre Elias, o grande profeta, 2 Reis 2:1 afirma: "Quando o Senhor levou Elias aos céus num redemoinho [ ... ]". Então mais tarde, depois de Elias abençoar seu sucessor Eliseu, a Bíblia relata o seguinte:

"De repente enquanto caminhavam e conversavam, apareceu um carro de fogo e puxado por cavalos de fogo que os separou, e Elias foi levado aos céus num redemoinho. Quando viu isso Eliseu gritou: 'Meu pai! Meu pai! Tu eras como os carros de guerra e os cavaleiros de Israel!' E quando já não podia mais vê-lo, Eliseu pegou as próprias vestes e as rasgou ao meio" (2 Reis 2:11-12).

No livro de Atos 1, há o relato de fato semelhante acontecido com Jesus: "Tendo dito isso, foi elevado às alturas enquanto eles olhavam, e uma nuvem o encobriu da vista deles." Tais coisas podem acontecer.

A pergunta que precisamos fazer sobre Maria é esta: Ela também foi levada à presença de Deus milagrosamente? Como protestantes, primeiro procuramos na Bíblia, mas nada encontramos sobre a morte de Maria e sua assunção. Isto quer dizer que Maria não "subiu" aos céus? Claro que não. Nenhum de nós crê que tudo foi registrado na Bíblia, assim fica em nosso encargo examinar as evidências e tirar nossas conclusões.

## *A Medianeira*

Já ouvi muitos estudantes católicos romanos dizerem que "oram a Maria". Um estudante me disse que orava a Maria porque, em suas palavras, "ela toma conta das coisas para mim com seu Filho". Muitos de nós nos preocupamos com tais comentários, mas é um clássico exemplo em que os protestantes não dão valor ao significado de tais comentários, é também um exemplo de que os católicos não dizem precisamente o que os ensinamentos católicos romanos declaram. Simplificando, nós protestantes precisamos aprender que no ensino oficial, os católicos romanos oram a *Maria* pedindo que ela *interceda por eles*.

O catolicismo romano tem ensinado durante séculos que Maria era de algum modo a *Medianeira*, a mediadora feminina entre os humanos pecadores e o santíssimo Filho. Contudo, ensinando assim, os católicos romanos nunca discutiram se Maria era divina ou se a Trindade era realmente Quadrindade (Pai, Filho, Mãe e Espírito). E eles não creem que o Filho de Deus pode ser manipulado por sua mãe. Os católicos romanos sustentam sempre que Jesus Cristo é o único Mediador entre Deus e os homens, e que o apóstolo Paulo deixou isto claro em 1 Timóteo 2:5 ao afirmar "Pois há um só Deus e mediador entre Deus e os homens: Jesus Cristo, também homem."

Então, como os católicos romanos chegaram à conclusão de que Maria é uma Medianeira? De acordo com os ensinos católicos, a noção se desdobra do fato de Paulo, em 1 Coríntios 3, ter dito que ele e outros eram "cooperadores de Deus". Scott Hahn, um teólogo católico romano, fala que Maria "coopera" com Deus da seguinte forma: "Em resumo, o Pai queria que toda a existência de Seu Filho como homem, fosse articulada, por assim dizer, segundo o contínuo consentimento de Maria." Isto é, a obra redentora de Deus facilitada pelo fato de Maria ser uma cooperadora de Deus, quando ela disse "que aconteça comigo" ou "façam tudo o que ele lhes mandar".

Na Bíblia, temos o exemplo singular disto, Maria indo até Jesus no casamento em Caná, pedindo para seu filho providenciar vinho. Embora as palavras de Jesus o distanciassem de sua mãe, no fim Jesus (filho de Maria) fez o que a mãe lhe pedira: Ele fez vinho para todos. Ensina-se, portanto, que Maria *intercedeu* com seu filho em favor dos outros.

Resumindo, a chamada mediação de Maria é a mediação de um ser humano entre seu Filho divino e os outros humanos, como ela. Inevitavelmente, isto atrai atenção para Maria a ponto de muitos de nós pensarmos que os católicos romanos têm uma tendência — ou como muitos veem, mais do que uma simples tendência — elevar Maria tão alto tornando-a ídolo. "Não é assim!" diz o Papa João Paulo II em seu influente livro sobre Maria chamado *Mary: God's Yes to Man* (Maria: O sim de Deus Para o Homem). As bodas de Caná, ele disse, de fato "oferece-nos *um tipo de primeiro anúncio da mediação de Maria,* mas sua mediação não chama atenção a si própria, ao contrário, é completamente orientada para Cristo e para a revelação de Seu poder salvífico."

O Vaticano afirma que não só a mediação de Maria aponta para Cristo, mas também é alicerçada cem por cento no poder salvador e na mediação de Jesus Cristo. No Segundo Concílio do Vaticano foi publicado um documento chamado *Lumen Gentium,* "A Constituição Dogmática da Igreja", com um capítulo chamado "Nossa Senhora". No parágrafo 60 dessa declaração encontramos o seguinte sobre a "mediação" de Maria:

"Ela flui dos superabundantes méritos de Cristo, repousa em sua mediação, depende inteiramente dela e dela recebe todo o seu poder. Não atrapalha de jeito algum a união imediata do fiel com Cristo, mas ao contrário, a encoraja."

Se nosso compromisso é sermos justos uns com os outros, então, temos que admitir que os católicos romanos com relação à mediação de Maria, não ensinam que ela seja mais do que um ser humano, nem que sua mediação deprecia Cristo.

Este é o ensinamento oficial. A questão, como também frequentemente é o caso com o pensamento protestante, não é só um caso de ensino oficial. Como os leigos se apropriam e expressam o ensino oficial é o que levanta as dúvidas. Quando vemos em muitos entroncamentos na Itália, uma pequena foto, capelinhas ou uma pequena estátua de *Maria e bambino* ("Maria e o bebê"), somos levados a pensar em Maria como a figura dominante e em Jesus como a figura dependente. Ao entrarmos em catedrais e basílicas católicas romanas, encontramos figuras ou estátuas de Maria sobre o altar e somente na parede de trás, menos acessível, figuras ou estátuas de Jesus, somos influenciados a pensar que Maria é mais proeminente do que seu filho. O ensino oficial diz de outra maneira; a percepção é outra coisa.

Alguns católicos romanos explicam a mediação de Maria como pouco mais do que o que é frequentemente chamado de "comunhão dos santos". Isto é, todos os cristãos — do passado, do presente e do futuro — estão numa comunhão mística, agora e para sempre, com Deus e uns com os outros. Os santos que nos precederam, isto precisa ser enfatizado, estão vivos na presença de Deus. Maria faz parte dessa comunhão. E assim, se podemos pedir aos nossos amigos, pastores ou pais para orar por nós, porque não podemos pedir a Maria para fazer o mesmo? Para a maioria dos protestantes a resposta é automática: Não há evidência na Bíblia que o povo de Deus pediu aos santos mortos para orar por eles, (concluímos que) não devemos praticar este tipo de oração intercessória.

Em nossas tentativas de sermos justos devemos também ser honestos. Nossa preocupação com a "mediação" de Maria é semelhante às que temos com outros desenvolvimentos tradicionais da igreja católica: Tal prática eleva Maria tão alto, que ela se torna a principal pessoa a quem alguém ora? Poderiam tais ideias gradualmente usurpar o papel e a dignidade de Jesus e levar alguns a crerem que Maria é semidivina? O que nos conduz diretamente a uma questão final: devoção a Maria.

## *Devoção a Maria*

Devoção a Maria não é essencial à fé católica romana. Mas parece estar em alta, como muitos notaram: o Papa João Paulo II era um ardente devoto de Maria. Uma vez mais, para sermos justos devemos fazer o nosso melhor para entender o que é ensinado.

Primeiro, vamos começar examinando alguns termos. Pessoas diferentes os usam diferentemente, por isso, para melhor clareza definiremos nossos termos e seremos consistentes. Apesar do que é repetido como lenda urbana, os católicos romanos distinguem *claramente* Deus — Pai, Filho, Espírito — de Maria. O "culto" e "adoração" são apropriados somente para Deus, segundo o ensino, mas é apropriado "honrar" e "venerar" Maria (e outros santos). Epifânio, um bispo do século 4.º, de perto da Terra Santa, estabeleceu uma regra: "Que Maria seja *honrada*. Que Pai, Filho e Espírito Santo sejam *adorados*, mas que ninguém *adore* Maria."

Segundo, muito mais dos que a maioria dos protestantes — mesmo aqueles que rotineiramente recitam o Credo Apostólico, declarando a crença na comunhão dos santos, os católicos romanos têm uma crença viva na existência de todos os santos, especialmente os mártires e heróis da fé. A devoção a Maria, portanto, tem a ver com *lembrar-se dela, expressar gratidão* a Deus pelo papel que ela desempenhou sendo a mãe do Messias e por seu caráter exemplar, rotineiramente *comemorar* seu aniversário, anunciação, e passamento (sua morte e assunção), e uma vigorosa *veneração* pela santidade de seu papel na obra de Deus.

Terceiro, algumas pessoas já declararam que Maria apareceu a eles. Jon Sweeney, um protestante que fez um estudo cuidadoso sobre Maria, espirituosamente coloca assim: "Às vezes, Maria parece um espírito do além que não descansará." As histórias de (supostas) aparições são bem conhecidas como as de Medjugorje, Lourdes, Fátima e Guadalupe. Se alguém crê ou não que tais aparições foram genuínas, temos que admitir pelos menos, que tais afirmações sobre as aparições expressam uma teologia de devoção a Maria. Os protestantes tendem a apontar que esta devoção a Maria *pode* ir longe demais. Para alguns destes, as palavras do Papa são uma clara evidência:

No dia 2 de fevereiro de 1849, o Papa Pio IX na sua encíclica *Ubi Primum*, expressou esta devoção mariana da forma mais gráfica que eu já vi:

*Desde os nossos primórdios nada tem sido mais próximo ao nosso coração do que a devoção — filial, profunda, e de todo o coração — a mais bem-aventurada Virgem Maria. Sempre temos nos esforçado para fazer tudo que redunde em maior glória para nossa Bem-aventurada Virgem, promover-lhe honra e encorajar a devoção a ela...*

Grande, na verdade é nossa confiança em Maria. A resplendente glória de seus méritos, que de longe excede todos os coros de anjos, elevam-na aos degraus do trono de Deus. Seu pé esmagou a cabeça de Satanás. Colocada entre Cristo e Sua igreja, Maria eternamente adorável e cheia de graça, sempre livrou os cristãos de suas grandes calamidades e das ciladas e ataques de todos os seus inimigos, continuamente resgatando-os da ruína.

E da mesma forma em nossos dias, Maria, com a sempre misericordiosa afeição tão característica do seu coração maternal, deseja, através de sua eficaz intercessão com Deus, livrar seus filhos das tristezas e aflições, das tribulações, da ansiedade, das dificuldades e dos castigos que vêm pela ira de Deus, que afligem o mundo por causa dos pecados dos homens. Desejando refrear e dissipar o violento furacão de maldades, os quais, lamentamos do fundo do nosso coração, estão por toda a parte afligindo a igreja, Maria deseja transformar nossa tristeza em alegria. *O fundamento de toda Nossa confiança, como vocês sabem Veneráveis Irmãos, é encontrado na Bem-aventurada Virgem Maria.* Pois Deus confiou a Maria o tesouro de todas as coisas, para que todos possam saber que através dela toda a esperança, graça e salvação são obtidas. *Pois esta é a Sua vontade, que obtenhamos tudo através de Maria.*

Nem todos os católicos romanos diriam o que Pio IX disse. Porém, estas palavras ilustram a extensão que pode atingir a devoção a Maria. Não podemos nos surpreender que junto a esta devoção foram feitas advertências oficiais sobre o exagero. *Lumen Gentium,* uma declaração importante do Vaticano II, admoestava os teólogos e pregadores: "deixem que eles ilustrem corretamente os deveres e privilégios da Bem-aventurada Virgem que *sempre se referem a Cristo.*"

No entanto, não podemos culpar a devoção a Maria por alguma superstição da era medieval. A devoção a Maria começou cedo, e um exemplo é ninguém mais que Atanásio, defensor e um assessor eclesiástico arquiortodoxo que definiu como entendemos a doutrina da Trindade. Aqui está algo que ele escreveu na sua *Homilia do Papiro de Turim*. "Ó nobre virgem, verdadeiramente tu és maior do que qualquer grandeza. Pois quem é igual a ti em grandeza, no lugar da habitação de Deus, o Verbo? A quem entre as criaturas poderia eu comparar-te, Ó Virgem? Tu és maior que todas elas... Se eu disser que o céu é exaltado, ainda assim não se igualaria a ti..."

Examinando estes dois últimos capítulos, seria justo dizer que Maria tornou-se como uma figura de origami, de contínuos desdobramentos na teologia católica romana. Cada um dos tópicos ligados a Maria foram dados a entender ou propostos pelo Novo Testamento, e cada um, através dos tempos e nas mãos de alguns dos mais famosos teólogos da igreja, passaram por intensos estudos e atingiram alguns extremos, algumas vezes. Nesta época, em que é necessária a cooperação entre os cristãos de todas as igrejas, podemos começar — e falo diretamente à minha comunidade evangélica — a dialogar uns com os outros, para entendermos o que cada segmento da Igreja crê.

Agora que descrevemos a vida da verdadeira Maria e pesquisamos como aquela vida gerou contínuo desenvolvimento, estamos prontos para considerar, de que maneira nós como protestantes, podemos aprender a acolher a verdadeira Maria nos dias de hoje.

# Parte 3

ACOLHENDO A
VERDADEIRA MARIA

# 14

## "Todas as gerações me chamarão bem-aventurada"
### MULHER PARA SER LEMBRADA

No Magnificat, Maria no poder do Espírito, anunciou que "de agora em diante, todas as gerações me chamarão bem--aventurada". Maria poderia ter anunciado "de agora em diante todas as gerações — exceto os protestantes — me chamarão bem-aventurada". Os católicos romanos e os ortodoxos orientais sempre consideraram Maria "bem-aventurada". O calendário anual da igreja católica tem pelo menos 15 dias dedicados a Maria. Os protestantes, no entanto, desde a Reforma esforçaram-se para distanciar-se dos católicos, e não renderam a Maria o que lhe era devido.

É tempo para darmos a devida honra à verdadeira Maria, honrá-la pelo que ela é. A verdadeira Maria era uma mulher judia comum, com uma extraordinária vocação, que lutou, como todo judeu comum, com o conceito do que Jesus era. Através da sua luta, ela se submeteu à difícil realidade da missão do Messias — diferente das expectativas de Maria — de morrer pelos outros. Esta verdadeira Maria, aquela que lutou para aceitar a missão de Jesus, não é uma ofensa aos protestantes, ao contrário, é uma mulher para honrarmos.

Portanto, deixo a minha sugestão para que cada igreja protestante se reúna para discutir e examinar o que a Bíblia diz sobre a verdadeira Maria. A história de como Maria aprendeu em sua tradição judaica que o sonho messiânico não seria um triunfo militar, nem da força, mas, do paradoxal poder da Cruz, da ressurreição e da presença poderosa do Espírito Santo de Deus. A história da verdadeira Maria é um relato sobre a fé que busca, aprende e cresce até compreender, o que Deus está fazendo neste mundo, através do Filho.

Talvez pudéssemos começar pedindo desculpas nas palavras do poeta batista galês, especialista em Novo Testamento — John Gwili Jenkins:

> Perdoe-nos gentil senhora, se aprendemos a lhe
> Respeitar menos do que o céu desejaria que fizéssemos;
> Pois nos apaixonamos pelo Filho do seu amor maior,
> Para não venerá-la mais do que a Ele.

Depois destas desculpas, sugiro que nos concentremos em cinco temas na vida de Maria (veja o Apêndice 2, "Sugestões para reflexão sobre Maria", que contém referências bíblicas, orações e hinos).

## A fé nos conduz a Jesus

João Batista, como se tem dito, tinha uma missão: apontar e indicar Jesus ao povo. Para Maria não foi diferente: Ela também apontava para Jesus. Seu cântico, o *Magnificat*, salientava Jesus, pois Ele enaltecia o que Deus iria fazer através do Messias. Maria não era perfeita, mas mesmo quando ela conduzia mal uma situação, suas falhas, de alguma forma indicavam para Jesus. Ao observarmos os lamentos de Maria aos pés da cruz, seu sofrimento era para seu filho. A verdadeira Maria voltava-se para Jesus.

Em particular, Maria nos guia a Jesus que traz a redenção, não pelo poder da espada, não pela demonstração de força e perturbação de Jerusalém, mas pelo difícil e contraintuitivo poder do perdão, criado pelo seu autossacrifício de amor. Ouvir Maria, é ouvir a mensagem da morte e ressurreição de Jesus como um megaevento, por meio do qual, Deus estabeleceu um novo tipo de poder, um novo tipo de família e um novo tipo de reino.

O poeta anglicano G. A. Studdert Kennedy sumarizou o testemunho de Maria para Jesus de forma notável:

Ela não reivindicou coroa para si, mas para Cristo,
Que a Deus entregou os membros e a vida.
Ela reivindicou somente um coração contrito,
Quebrantado por Sua causa.

## A fé é singularmente pessoal

Permita-me fazer uma distinção entre dois termos: "modelo" e "exemplo". As pessoas normalmente usam estes termos como sinônimos, mas "modelo" descreve algo que imitamos e "exemplo" define um comportamento específico. Tornar Maria um modelo, como se ela fosse o tipo ideal, pode ser perigoso. Somente Jesus é o ideal para o cristão. Maria não é um modelo, pois ninguém consegue ser ambos: virgem e mãe! Ninguém mais pode ser a mãe do Messias. Ninguém mais pode cantar o *Magnificat* como ela o fez.

Corremos um sério risco tornando alguém em modelo, porque a vida de cada um — a sua, a de Maria e a minha — são singularmente pessoais. Nancy Duff, professora de Ética Cristã na Universidade de Princeton, diz, "Deus não considera Maria, nem qualquer um de nós como ideais, nem nos transforma em pessoas ideais. Somos como Maria, seres humanos reais de carne e espírito, corpo e alma, necessitando do poder de Deus para buscar, dar glória àquele que salva e nos sustém em graça. Maria, como todos nós, foi chamada ao discipulado, não à perfeição [...] Neste mundo somos chamados para executar tarefas reais, não ideais."

Mas Maria nos dá o "exemplo" de como aprender a seguir a Jesus no mundo real. A vida de Maria foi singularmente pessoal. Ela era uma jovem mulher judia; era pobre, estava noiva e Deus a escolheu para que concebesse virginalmente. O desafio para confiar em Deus naquela situação era unicamente dela. Suas batalhas foram só suas, diferente de qualquer coisa que jamais enfrentaremos. Ela confiou em Deus no seu mundo, do seu jeito, no seu tempo, e foi desafiada (como nós) a cumprir o plano de Deus para a vida particular dela (ou nossa).

O que podemos aprender com o exemplo de Maria é não perguntar, "Como posso ser como Maria?", mas "O que posso aprender com Maria sobre viver pela fé em meu verdadeiro mundo?" Você e eu temos que aprender como viver nossas vidas, em nossas famílias, em nosso mundo, em nossas vocações, etc... Maria não é um modelo a ser imitado, mas um exemplo de uma pessoa verdadeira que confiou em Deus, como indivíduo.

Há um perigo real em fazer de Maria uma supersanta. Se fizermos de Maria mais do que ela é, ela deixa de ser a "escolhida por Deus" para ser "como Deus". Ela deixa de ser uma judia comum com uma vocação extraordinária e uma fé comum, para ser uma mulher judia supercomum, com uma vocação supercomum e com uma fé supercomum. Quando a última coisa acontece, ela se torna uma deusa. *A verdadeira Maria* não tinha a intenção de ser nem uma supersanta, nem uma deusa. Ela era especial, concordo, mas ela era especial porque confiava em Deus como uma mulher comum, com uma extraordinária vocação, com uma fé comum. Ela foi especial porque lutou em meio ao aprendizado sobre que tipo de Messias seu filho seria.

### *A fé é verdadeira*

Maria tinha fé verdadeira. É fácil cair na armadilha de romantizar a fé que Maria tinha e transformá-la numa santa usando um manto azul. Ela era um ser humano real (como nós) com uma fé verdadeira (como a nossa) num mundo real (como o nosso).

E nossa fé, será fé, somente se for verdadeira. Não flutuamos 15 centímetros acima do solo, mais do que Maria. Cada um de nós sabe que o desafio de confiar em Deus pode suplantar nossas habilidades, às vezes o caminho da cruz confronta-se com nossas expectativas, e às vezes difere do que gostaríamos de fazer. Talvez preferíssemos alavancar nosso poder em vez de nos ajoelharmos diante do Filho de Deus que estabeleceu um novo tipo de reino com um novo tipo de poder.

A fé verdadeira implica confiar em Deus ao passar por minhas lutas diárias, em meu mundo real. Essa fé é encontrada em mães e pais, irmãos e irmãs, filhos e pais, patrões e empregados, empregados e desempregados, afortunados e desafortunados na igreja e fora dela.

## *A fé se desenvolve*

Ninguém acorda depois de dois dias de discipulado com fé perfeita. Ela se desenvolve. Às vezes confiamos e às vezes não. Maria é um exemplo para nós de alguém que conta a história da necessidade da nossa fé se desenvolver e crescer diariamente.

A conversão é o processo de ser transformado ao longo da vida. Alguns acham que a dramática conversão de Paulo na estrada de Damasco é a regra, mas parece ser muito mais normal a história da verdadeira Maria. Ela desenvolveu sua fé: ela foi perturbada com a noção dinástica de que Deus estava para fazer de seu filho, o rei de Israel. Mas logo percebeu, ao observar e aprender a seguir seu próprio filho como o Messias, que tal ideia de uma dinastia davídica terrena estabelecida em Jerusalém deu lugar à formação de algo diferente, a saber, a fé familiar, que se espalharia por todo o mundo. Ela divergia de seu filho, opondo-se ao trabalho que Ele fazia. É verdade, como diz o estudioso evangélico, Tim Perry, que a vida de Maria, "é aquela que espelha a vida de muitos cristãos, com momentos de intensa espiritualidade interrompida por períodos extensos de ambiguidade".

Também devemos celebrar a fé familiar, na qual Maria e nós também devemos crescer. A fé não é algo só entre o indivíduo e Deus, mas também algo que compartilhamos com outros — algo que compartilhamos com Maria — algo que Maria compartilhou com o círculo de seguidores que se assentavam aos pés de Jesus para aprender como fazer a vontade de Deus.

## *A fé é corajosa e perigosa*
Finalmente ao honrarmos Maria, podemos celebrar o perigo de uma fé corajosa. Imagine o que Deus faria através de nós se tivéssemos a corajosa fé que Maria teve. A lição do *Magnificat* é a lição de uma mulher que queria declarar que Deus traria justiça diante da opressão.

Ninguém acha fácil enfrentar desafios. Às vezes, recebemos uma visão que poderia mudar nossa igreja, ou vizinhança, ou comunidade e normalmente não nos sentimos "capacitados" ou "chamados". Fé em tais visões exigirá coragem. Pode ser perigoso para nossa comunidade que embarquemos neste tipo de visão. Precisaremos de uma fé corajosa.

O desafio de Maria veio de Deus — dar à luz o Messias de Israel. Maria sabia o que isso significava para Herodes, o Grande, e para César Augusto. Ela foi desafiada a conceber como uma virgem, e entendeu o custo para a sua reputação, para o marido e para o filho. Mas, confiou em Deus. Confiar em Deus exige coragem. Seu ato de fé singular mudou o curso da história através do nascimento do Messias, e o mundo nunca mais foi o mesmo.

Maria não só teve coragem em suas convicções, mas também teve *chutzpah*, a confiança de quem sabia o que Deus estava fazendo no mundo. Maria sabia o que Jesus fora chamado para ser, o que Ele fora chamado a fazer, e sabia o que Deus dissera que Jesus cumpriria como Messias, e *o que sabia deu-lhe confiança,* para ocasionalmente *discordar de Jesus*. Você e eu podemos nos surpreender com as confrontações dela com Jesus, mas ao mesmo tempo temos que admirar a força de sua fé: ela podia estar errada, mas estava errada porque confiava no que cria que Deus estava para fazer.

Como Kathleen Norris disse tão bem nas suas reflexões sobre Maria, "quando eu sou chamada a responder 'Sim' para Deus, sem saber onde este compromisso me levará, o exemplo de Maria me dá esperança de que confiar na graça de Deus e na promessa da salvação é suficiente."

Ao acolhermos Maria em nossos pensamentos e corações, podemos como ela, sonhar que o cântico do *Magnificat* se cumpra em nossa sociedade. Podemos permitir que nossos corações e mentes almejem o melhor para a nossa sociedade. Pessoas que possuem a fé corajosa mudam o mundo.

# *Apêndice 1*

## PARARELOS DO ANTIGO TESTAMENTO NO *Magnificat*

Lucas 1:46b-47: *Minha alma engrandece ao Senhor e o meu espírito se alegra em Deus, meu Salvador.*

Salmo 34:3: "Proclamem a grandeza do Senhor comigo; juntos exaltemos o seu nome."

Salmo 35:9: "Então a minha alma exultará no Senhor e se regozijará na sua salvação."

Isaías 61:10: "É grande o meu prazer no Senhor! Regozija-se a minha alma em meu Deus! Pois ele me vestiu com as vestes da salvação e sobre mim pôs o manto da justiça, qual noivo que adorna a cabeça como um sacerdote, qual noiva que se enfeita com jóias."

1 Samuel 2:1-2: "Meu coração exulta no Senhor; no Senhor minha força é exaltada. Minha boca se exalta sobre os meus inimigos, pois me alegro em tua libertação. Não há ninguém santo como o Senhor; não há outro além de ti; não há rocha alguma como o nosso Deus."

Habacuque 3:18: "ainda assim eu exultarei no Senhor e me alegrarei no Deus da minha salvação."

Lucas 1:48a: *pois atentou para a humildade da sua serva.*

1 Samuel 1:11: "E fez um voto [Ana], dizendo: 'Ó Senhor dos Exércitos, se tu deres atenção à humilhação de tua serva, te lembrares de mim e não te esqueceres de tua serva, mas lhe deres um filho, então eu o dedicarei ao Senhor por todos os dias de sua vida, e o seu cabelo e a sua barba nunca serão cortados."

1 Samuel 9:16: "Amanhã, por volta desta hora, enviarei a você um homem da terra de Benjamim. Unja-o como líder sobre Israel, o meu povo; ele libertará o meu povo das mãos dos filisteus. Atentei para o meu povo, pois o seu clamor chegou a mim."

Gênesis 29:32: "Lia engravidou, deu à luz um filho, e deu-lhe o nome de Rúben, pois dizia: 'O Senhor viu a minha infelicidade. Agora, certamente o meu marido me amará.' "

Lucas 1:48b: *De agora em diante todas as gerações me chamarão bem-aventurada.*

Gênesis 30:13: "Então Lia exclamou: 'Como sou feliz! As mulheres dirão que sou feliz'. Por isso lhe deu o nome de Aser."

Malaquias 3:12: "Então todas as nações os chamarão felizes, porque a terra de vocês será maravilhosa, diz o Senhor dos Exércitos."

Lucas 1:49a: *pois o Poderoso fez grandes coisas em meu favor*

Deuteronômio 10:21: "Seja ele o motivo do seu louvor, pois ele é o seu Deus, que por vocês fez aquelas grandes e temíveis maravilhas que vocês viram com os próprios olhos."

Salmo 71:19b: "tu, que tens feito coisas grandiosas. Quem se compara a ti, ó Deus?"

Sofonias 3:17: "O Senhor, o seu Deus, está em seu meio, poderoso para salvar. Ele se regozijará em você; com o seu amor a renovará, ele se regozijará em você com brados de alegria."

Lucas 1:49b: santo é o seu nome.

Salmo 111:9: "Ele trouxe redenção ao seu povo e firmou a sua aliança para sempre. Santo e temível é o seu nome!"

Lucas 1:50: A sua misericórdia estende-se aos que o temem, de geração em geração.

Salmo 103:11: "Pois como os céus se elevam acima da terra, assim é grande o seu amor para com os que o temem."

Salmo 103:17: "Mas o amor leal do Senhor, o seu amor eterno, está com os que o temem, e a sua justiça com os filhos dos seus filhos."

Salmo 100:5: "Pois o Senhor é bom e o seu amor leal é eterno; a sua fidelidade permanece por todas as gerações."

Lucas 1:51-53: *Ele realizou poderosos feitos com seu braço; dispersou os que são soberbos no mais íntimo do coração. Derrubou governantes dos seus tronos, mas exaltou os humildes. Encheu de coisas boas os famintos, mas despediu de mãos vazias os ricos.*

1 Samuel 2:7-8: "O Senhor é quem dá pobreza e riqueza; ele humilha e exalta. Levanta do pó o necessitado e do monte de cinzas ergue o pobre; ele os faz sentar-se com príncipes e lhes dá lugar de honra. Pois os alicerces da terra são do Senhor; sobre eles estabeleceu o mundo."

Salmo 89:10: "Esmagaste e mataste o Monstro dos Mares; com teu braço forte dispersaste os teus inimigos."

Provérbios 3:34: "Ele zomba dos zombadores, mas concede graça aos humildes."

Jó 12:19: "Despoja e demite os sacerdotes, e arruína os homens de sólida posição."

Ezequiel 21:26b: "os humildes serão exaltados, e os exaltados serão humilhados."

Salmo 107: 9: "porque ele sacia o sedento e satisfaz plenamente o faminto."

Lucas 1:54-55: *"Ajudou a seu servo Israel, lembrando-se da sua misericórdia para com Abraão e seus descendentes para sempre, como dissera aos nossos antepassados".*

Isaías 41:8-9: "Você, porém, ó Israel, meu servo, Jacó, a quem escolhi, vocês, descendentes de Abraão, meu amigo, eu os tirei dos confins da terra, de seus recantos mais distantes eu os chamei. Eu disse: Você é meu servo; eu o escolhi e não o rejeitei."

Salmo 98:3: "Ele se lembrou do seu amor leal e da sua fidelidade para com a casa de Israel; todos os confins da terra viram a vitória do nosso Deus."

Miquéias 7:20: "Mostrarás fidelidade a Jacó, e bondade a Abraão, conforme prometeste sob juramento aos nossos antepassados, na antiguidade."

2 Samuel 22:51: "Ele concede grandes vitórias ao seu rei; é bondoso com o seu ungido, com Davi e seus descendentes para sempre."

# *Apêndice 2*

## SUGESTÕES PARA *reflexão sobre Maria*

### REFLEXÕES SOBRE AS ESCRITURAS

Medite em uma ou mais passagens dos textos do Novo Testamento, usando a Bíblia na *Nova Versão Internacional*. Aqui estão algumas boas perguntas para você responder:

O que a passagem fala sobre Maria?
Como esta passagem expressa a fé que Maria possuía em Deus?
Qual é a relação entre Maria e Jesus nesta passagem?
Como é descrito o relacionamento de Maria com os outros?
O que posso aprender da verdadeira fé, por causa da Maria?

### O EVANGELHO DE MATEUS
Mateus 1:18-25

Foi assim o nascimento de Jesus Cristo: Maria, sua mãe, estava prometida em casamento a José, mas, antes que se unissem, achou-se grávida pelo Espírito Santo. Por ser José, seu marido, um homem justo, e não querendo expô-la à desonra pública, pretendia anular o casamento secretamente. Mas, depois de ter pensado nisso, apareceu-lhe um anjo do Senhor em sonho e disse: "José, filho de Davi, não tema receber Maria como sua esposa, pois o que nela foi gerado procede do Espírito Santo. Ela dará à luz um filho, e você deverá dar-lhe o nome de Jesus, porque ele salvará o seu povo dos seus pecados". Tudo isso aconteceu para que se cumprisse o que o Senhor dissera pelo profeta: "A virgem ficará grávida e dará à luz um filho, e lhe chamarão Emanuel", que significa "Deus conosco". Ao acordar, José fez o que o anjo do Senhor lhe tinha ordenado e recebeu Maria como sua esposa. Mas não teve relações com ela enquanto ela não deu à luz um filho. E ele lhe pôs o nome de Jesus.

## O Evangelho de Marcos
Marcos 3:31-35

Então chegaram a mãe e os irmãos de Jesus. Ficando do lado de fora, mandaram alguém chamá-lo. Havia muita gente assentada ao seu redor; e lhe disseram: "Tua mãe e teus irmãos estão lá fora e te procuram". "Quem é minha mãe, e quem são meus irmãos?", perguntou ele. Então olhou para os que estavam assentados ao seu redor e disse: "Aqui estão minha mãe e meus irmãos! Quem faz a vontade de Deus, este é meu irmão, minha irmã e minha mãe".

Marcos 6:1-6

Jesus saiu dali e foi para a sua cidade, acompanhado dos seus discípulos. Quando chegou o sábado, começou a ensinar na sinagoga, e muitos dos que o ouviam ficavam admirados. "De onde lhe vêm estas coisas?", perguntavam eles. "Que sabedoria é esta que lhe foi dada? E estes milagres que ele faz? Não é este o carpinteiro, filho de Maria e irmão de Tiago, José, Judas e Simão? Não estão aqui conosco as suas irmãs?" E ficavam escandalizados por causa dele. Jesus lhes disse: "Só em sua própria terra, entre seus parentes e em sua própria casa, é que um profeta não tem honra". E não pôde fazer ali nenhum milagre, exceto impor as mãos sobre alguns doentes e curá-los. E ficou admirado com a incredulidade deles. Então Jesus passou a percorrer os povoados, ensinando.

Marcos 15:40-41

Algumas mulheres estavam observando de longe. Entre elas estavam Maria Madalena, Salomé e Maria, mãe de Tiago, o mais jovem, e de José. Na Galiléia elas tinham seguido e servido a Jesus. Muitas outras mulheres que tinham subido com ele para Jerusalém também estavam ali.

## O Evangelho de Lucas
*O nascimento de Jesus é profetizado (A anunciação)*
Lucas 1:26-38

No sexto mês Deus enviou o anjo Gabriel a Nazaré, cidade da Galiléia a uma virgem prometida em casamento a certo homem chamado José, descendente de Davi. O nome da virgem era Maria. O anjo, aproximando-se dela, disse: "Alegre-se, agraciada! O Senhor está com você!" Maria ficou perturbada com essas palavras, pensando no que poderia significar esta saudação. Mas o anjo lhe disse: "Não tenha medo, Maria; você foi agraciada por Deus! Você ficará grávida e dará à luz um filho, e lhe porá o nome de Jesus. Ele será grande e será chamado Filho do Altíssimo. O Senhor Deus lhe dará o trono de seu pai Davi, e ele reinará para sempre sobre o povo de Jacó; seu Reino jamais terá fim". Perguntou Maria ao anjo: "Como acontecerá isso, se sou virgem?" O anjo respondeu: "O Espírito Santo virá sobre você, e o poder do Altíssimo a cobrirá com a sua sombra. Assim, aquele que há de nascer será chamado Santo, Filho de Deus. Também Isabel, sua parenta, terá um filho na velhice; aquela que diziam ser estéril já está em seu sexto mês de gestação. Pois nada é impossível para Deus". Respondeu Maria: "Sou serva do Senhor; que aconteça comigo conforme a tua palavra."

## *O cântico de Maria (Magnificat)*
Lucas 1:39-56

Naqueles dias, Maria preparou-se e foi depressa para uma cidade da região montanhosa da Judéia, onde entrou na casa de Zacarias e saudou Isabel. Quando Isabel ouviu a saudação de Maria, o bebê agitou-se em seu ventre, e Isabel ficou cheia do Espírito Santo. Em alta voz exclamou: "Bendita é você entre as mulheres, e bendito é o filho que você dará à luz! Mas por que sou tão agraciada, ao ponto de me visitar a mãe do meu Senhor? Logo que a sua saudação chegou aos meus ouvidos, o bebê que está em meu ventre agitou-se de alegria. Feliz é aquela que creu que se cumprirá aquilo que o Senhor lhe disse!" Então disse Maria: "Minha alma engrandece ao Senhor e o meu espírito se alegra em Deus, meu Salvador, pois atentou para a humildade da sua serva. De agora em diante, todas as gerações me chamarão bem-aventurada, pois o Poderoso fez grandes coisas em meu favor; santo é o seu nome. A sua misericórdia estende-se aos que o temem, de geração em geração. Ele realizou poderosos feitos com seu braço; dispersou os que são soberbos no mais íntimo do coração. Derrubou governantes dos seus tronos, mas exaltou os humildes. Encheu de coisas boas os famintos, mas despediu de mãos vazias os ricos. Ajudou a seu servo Israel, lembrando-se da sua misericórdia para com Abraão e seus descendentes para sempre, como dissera aos nossos antepassados". Maria ficou com Isabel cerca de três meses e depois voltou para casa.

## *O nascimento de Jesus*
Lucas 2:1-7

Naqueles dias César Augusto publicou um decreto ordenando o recenseamento de todo o império romano. Este foi o primeiro recenseamento feito quando Quirino era governador da Síria. E todos iam para a sua cidade natal, a fim de alistar-se. Assim, José também foi da cidade de Nazaré da Galiléia para a Judéia, para Belém, cidade de Davi, porque pertencia à casa e à linhagem de Davi. Ele foi a fim de alistar-se, com Maria, que lhe estava prometida em casamento e esperava um filho. Enquanto estavam lá, chegou o tempo de nascer o bebê, e ela deu à luz o seu primogênito. Envolveu-o em panos e o colocou numa manjedoura, porque não havia lugar para eles na hospedaria.

Lucas 2:8-14

Havia pastores que estavam nos campos próximos e durante a noite tomavam conta dos seus rebanhos. E aconteceu que um anjo do Senhor apareceu-lhes e a glória do Senhor resplandeceu ao redor deles; e ficaram aterrorizados. Mas o anjo lhes disse: "Não tenham medo. Estou lhes trazendo boas-novas de grande alegria, que são para todo o povo: Hoje, na cidade de Davi, lhes nasceu o

Salvador, que é Cristo, o Senhor. Isto lhes servirá de sinal: encontrarão o bebê envolto em panos e deitado numa manjedoura". De repente, uma grande multidão do exército celestial apareceu com o anjo, louvando a Deus e dizendo: "Glória a Deus nas alturas, e paz na terra aos homens aos quais ele concede o seu favor".

Lucas 2:15-20

Quando os anjos os deixaram e foram para os céus, os pastores disseram uns aos outros: "Vamos a Belém, e vejamos isso que aconteceu, e que o Senhor nos deu a conhecer". Então correram para lá e encontraram Maria e José, e o bebê deitado na manjedoura. Depois de o verem, contaram a todos o que lhes fora dito a respeito daquele menino, e todos os que ouviram o que os pastores diziam ficaram admirados. Maria, porém, guardava todas essas coisas e sobre elas refletia em seu coração. Os pastores voltaram glorificando e louvando a Deus por tudo o que tinham visto e ouvido, como lhes fora dito.

## *Jesus é apresentado no templo (dedicação e purificação)*
Lucas 2:21-24

Completando-se os oito dias para a circuncisão do menino, foi-lhe posto o nome de Jesus, o qual lhe tinha sido dado pelo anjo antes de ele nascer. Completando-se o tempo da purificação deles, de acordo com a Lei de Moisés, José e Maria o levaram a Jerusalém para apresentá-lo ao Senhor (como está escrito na Lei do Senhor: "Todo primogênito do sexo masculino será consagrado ao Senhor") e para oferecer um sacrifício, de acordo com o que diz a Lei do Senhor: "duas rolinhas ou dois pombinhos".

Lucas 2:25-32

Havia em Jerusalém um homem chamado Simeão, que era justo e piedoso, e que esperava a consolação de Israel; e o Espírito Santo estava sobre ele. Fora-lhe revelado pelo Espírito Santo que ele não morreria antes de ver o Cristo do Senhor. Movido pelo Espírito, ele foi ao templo. Quando os pais trouxeram o menino Jesus para lhe fazerem o que requeria o costume da Lei, Simeão o tomou nos braços e louvou a Deus, dizendo: "Ó Soberano, como prometeste, agora podes despedir em paz o teu servo. Pois os meus olhos já viram a tua salvação, que preparaste à vista de todos os povos: luz para revelação aos gentios e para a glória de Israel, teu povo".

Lucas 2:33-35

O pai e a mãe do menino estavam admirados com o que fora dito a respeito dele. E Simeão os abençoou e disse a Maria, mãe de Jesus: "Este menino está destinado a causar a queda e o soerguimento de muitos em Israel, e a ser um sinal de contradição, de modo que o pensamento de muitos corações será revelado. Quanto a você, uma espada atravessará a sua alma".

Lucas 2:36-38

Estava ali a profetisa Ana, filha de Fanuel, da tribo de Aser. Era muito idosa; tinha vivido com seu marido sete anos depois de se casar e então permanecera viúva até a idade de oitenta e quatro anos. Nunca deixava o templo: adorava a Deus jejuando e orando dia e noite. Tendo chegado ali naquele exato momento, deu graças a Deus e falava a respeito do menino a todos os que esperavam a redenção de Jerusalém.

Lucas 2:39-40

Depois de terem feito tudo o que era exigido pela Lei do Senhor, voltaram para a sua própria cidade, Nazaré, na Galiléia. O menino crescia e se fortalecia, enchendo-se de sabedoria; e a graça de Deus estava sobre ele.

## *O menino Jesus no templo*
Lucas 2:41-52

Todos os anos seus pais iam a Jerusalém para a festa da Páscoa. Quando ele completou 12 anos de idade, eles subiram à festa, conforme o costume. Terminada a festa, voltando seus pais para casa, o menino Jesus ficou em Jerusalém, sem que eles percebessem. Pensando que ele estava entre os companheiros de viagem, caminharam o dia todo. Então começaram a procurá-lo entre os seus parentes e conhecidos. Não o encontrando, voltaram a Jerusalém para procurá-lo. Depois de três dias o encontraram no templo, sentado entre os mestres, ouvindo-os e fazendo-lhes perguntas. Todos os que o ouviam ficavam maravilhados com o seu entendimento e com as suas respostas. Quando seus pais o viram, ficaram perplexos. Sua mãe lhe disse: "Filho, por que você nos fez isto? Seu pai e eu estávamos aflitos, à sua procura". Ele perguntou: "Por que vocês estavam me procurando? Não sabiam que eu devia estar na casa de meu Pai?" Mas eles não compreenderam o que lhes dizia. Então foi com eles para Nazaré, e era-lhes obediente. Sua mãe, porém, guardava todas essas coisas em seu coração. Jesus ia crescendo em sabedoria, estatura e graça diante de Deus e dos homens.

Lucas 11:27-28
> Enquanto Jesus dizia estas coisas, uma mulher da multidão exclamou: "Feliz é a mulher que te deu à luz e te amamentou". Ele respondeu: "Antes, felizes são aqueles que ouvem a palavra de Deus e lhe obedecem".

## O Evangelho de João
João 2:1-12

> No terceiro dia houve um casamento em Caná da Galiléia. A mãe de Jesus estava ali; Jesus e seus discípulos também haviam sido convidados para o casamento. Tendo acabado o vinho, a mãe de Jesus lhe disse: "Eles não têm mais vinho". Respondeu Jesus: "Que temos nós em comum, mulher? A minha hora ainda não chegou". Sua mãe disse aos serviçais: "Façam tudo o que ele lhes mandar". Ali perto havia seis potes de pedra, do tipo usado pelos judeus para as purificações cerimoniais; em cada pote cabiam entre oitenta e cento e vinte litrose. Disse Jesus aos serviçais: "Encham os potes com água". E os encheram até a borda. Então lhes disse: "Agora, levem um pouco ao encarregado da festa". Eles assim fizeram, e o encarregado da festa provou a água que fora transformada em vinho, sem saber de onde este viera, embora o soubessem os serviçais que haviam tirado a água. Então chamou o noivo e disse: "Todos servem primeiro o melhor vinho e, depois que os convidados já beberam bastante, o vinho inferior é servido; mas você guardou o melhor até agora". Este sinal miraculoso, em Caná da Galiléia, foi o primeiro que Jesus realizou. Revelou assim a sua glória, e

os seus discípulos creram nele. Jesus Purifica o Templo Depois disso ele desceu a Cafarnaum com sua mãe, seus irmãos e seus discípulos. Ali ficaram durante alguns dias.

João 19:25-27

Perto da cruz de Jesus estavam sua mãe, a irmã dela, Maria, mulher de Clopas, e Maria Madalena. Quando Jesus viu sua mãe ali, e, perto dela, o discípulo a quem ele amava, disse à sua mãe: "Aí está o seu filho", e ao discípulo: "Aí está a sua mãe". Daquela hora em diante, o discípulo a recebeu em sua família.

## Atos dos Apóstolos
Atos 1:12-14

Então eles voltaram para Jerusalém, vindo do monte chamado das Oliveiras, que fica perto da cidade, cerca de um quilômetro. Quando chegaram, subiram ao aposento onde estavam hospedados. Achavam-se presentes Pedro, João, Tiago e André; Filipe, Tomé, Bartolomeu e Mateus; Tiago, filho de Alfeu, Simão, o zelote, e Judas, filho de Tiago. Todos eles se reuniam sempre em oração, com as mulheres, inclusive Maria, a mãe de Jesus, e com os irmãos dele.

## O apóstolo Paulo
Gálatas 4:4

Mas, quando chegou a plenitude do tempo, Deus enviou seu Filho, nascido de mulher, nascido debaixo da Lei,

# Orações e Hinos
## O livro da oração
### Apresentação

Poderoso e eterno Deus, com humildade oramos, pois como Teu único Filho foi um dia apresentado no templo, também queremos nos apresentar a ti, com os nossos corações puros e limpos por Jesus Cristo nosso Senhor; que vive e reina contigo e com o Espírito Santo, único Deus, agora e para sempre. Amém

### Anunciação

Senhor derrama a Tua graças em nossos corações, para que nós, que reconhecemos a encarnação do Teu Filho Jesus Cristo, anunciado por um anjo à virgem Maria, possamos por Sua cruz e paixão ser trazidos à glória de Sua ressurreição; que vive e reina contigo, na unidade do Espírito Santo, único Deus, agora e para sempre. Amém

### Visitação

Pai celeste, por Tua graça a virgem mãe do Teu Filho encarnado foi abençoada ao concebê-lo, mas foi mais abençoada ainda por que guardou a Tua Palavra: Permite àqueles que admiram a humildade de Maria, seguir o seu exemplo de obediência à Tua vontade; que vive e reina contigo e com o Espírito Santo, único Deus, agora e para sempre. Amém

### A virgem mãe

Deus que abençoou a bem-aventurada Maria, mãe do Teu Filho encarnado: permite que nós, que já fomos redimidos por Seu sangue, compartilhemos a glória do Teu reino eterno; através de Jesus Cristo nosso Senhor, que vive e reina contigo e com o Espírito Santo, único Deus, agora e para sempre. Amém

## Hinos Tradicionais
*Quem é o Menino?*

*Quem é o menino que está*
*nos braço da mãe*
*tranquilo dormindo?*
*E os anjos nos celestiais espaços,*
*a quem enaltecem com hino?*
*É Cristo Jesus o rei,*
*Que anuncia a paz*
*A quem Deus quer bem*
*Da Virgem eleita é filho,*
*Jesus que nasceu em Belém.*

*Assim desceu até nós, tão pobre*
*O rei do céu e da terra.*
*Amou o humilde e também o nobre:*
*Que fique pasmado o universo.*
*É Cristo Jesus o rei,*
*Que será cravado por nós na cruz.*
*Nasceu como ser humano,*
*Hosana ao menino Jesus.*

*Trazei-lhe mirra, incenso e ouro,*
*Trazei-lhe a alma devota.*

*Do coração o real tesouro,*
*Prostrados, trazei ao menino.*
*É Cristo Jesus o rei*
*Que Maria embala nos braços seus*
*Louvores cantai a ele.*
*Hosana ao filho de Deus*


## *Nasceu o Redentor*

Adaptado por Benjamim Rufino Duarte
(Cantor Cristão n.º 28, JUERP 1995)

5.ª estrofe
*"Ó povos exultai, nações, ó jubilai,*
*Eis finda toda a dor jamais se dá um ai;*
*A virgem deu à luz; a Deus glorificai!*
*Nasceu o Redentor!*


## *Maria, você sabia? (Mary, did you know?)*

de Mark Lowry e Buddy Green (tradução livre)

*Maria, você sabia que o seu bebê*
*Um dia andaria sobre as águas?*
*Maria, você sabia que o seu bebê, salvaria nossos filhos e filhas?*
*Você sabia que o seu bebê veio para renová-la?*
*Esta criança que você concebeu logo vai libertá-la?*

*Maria, você sabia que o seu bebê dará visão aos cegos?*
*Maria, você sabia que o seu bebê acalmará o mar com as Suas mãos?*

*Você sabia que o seu bebê caminhou onde os anjos estavam?*
*Que ao beijar o seu bebê você beijou a face de Deus?*

*Os cegos verão, os surdos ouvirão*
*Os mortos ressuscitarão, os coxos pularão*
*Os mudos cantarão louvores ao cordeiro*

*Maria, você sabia que o seu bebê é o Senhor de toda a criação?*
*Maria, você sabia que o seu bebê um dia reinará sobre as nações?*
*Você sabia que o seu bebê era o perfeito cordeiro celestial?*
*Sabia que o bebê que você segura em seus braços é o grande "EU SOU"?*

# *Bibliografia*

L.Gamberro, *Mary and the Fathers of the Church. The Blessed Virgin Mary in Patristic Thought* (Maria e os Pais da Igreja. A Bem-aventurada Virgem Maria no Pensamento Patrístico); (San Francisco: Ignatius, 1999), e *Mary in the Middle Ages: The Blessed Virgin Mary in the Tought of Medieval Latin Theologians* (Maria na Idade Média: A Bem-aventurada Virgem Maria no Pensamento dos Teólogos Latinos Medievais); (San Francisco: Ignatius, 2005).

B.R.Gaventa, C.L. Rigby, eds., *Blessed One: Protestant Perspectives on Mary* (A Bem-aventurada: Perspectivas Protestantes Sobre Maria); (Louisville, KY: Westminster John Knox, 2002).

S. Hahn, *Hail, Holy Queen: The Mother of God in the World of God* (Aclamada, Santa Rainha: A Mãe de Deus no mundo de Deus); (New York: Doubleday, 2001).

D. Longenecker, D. Gustafson, *Mary: A Catholic-Evangelical Debate* (Um Debate Católico-Evangélico); (Grand Rapids, MI: Brazos, 2003).

K. Norris, *Meditations on Mary* (Meditações sobre Maria); (New York: Viking Studio, 1999).

J. Pelikan, *Mary through the Centuries: her Place in the History of Culture* (Maria Através dos Séculos: Seu lugar na História da Cultura); (New Haven: Yale University Press, 1996).

T. Perry, *Mary for Evangelicals: Toward an Understanding of the Mother of our LORD* (Maria Para os Evangélicos: Rumo à Compreensão da Mãe do Nosso SENHOR); (Downers Grove, IL: IVP, 2006).

J. Sweeney, Strange Heaven: *The Virgin Mary as Woman, Mother, Disciple, and Advocate* (Um Estranho Celestial: A Virgem Maria Como Mulher, Mãe, Discípula e Medianeira); (Brewster, MA: Paraclete Press, 2006).

D. F. Wright, ed., *Chosen by God: Mary in Evangelical Perspective* (Escolhida por Deus: Maria na Perspectiva Evangélica); (London: Marshall Pickering, 1989).

# *Fontes*

Epígrafo

John Gwili Jenkins, *Wales and the Virgin Mary,* retirado de Timothy George, in Mary Mother of God, (Maria Mãe de Deus, ed. C.E. Braaten, R. W. Jenson (Grand Rapids, MI: Eerdmans, 2004), 122. As linhas de *The Journey of the Magi,* em T.S.Elliot, Collected Poems, 1909-1962 (Nova Iorque: Hartcourt Brace& Cia., 1991), 100.

Capítulo 1

Emprestei a imagem de Rohrschach de Harvey Cox, conhecido teólogo liberal da Universidade de Harvard, em seu livro *When Jesus Came to Harvard: Making Moral Choices Today* (Quando Jesus veio a Harvard: Fazendo Escolhas Morais Hoje); (Boston: Houghton Mifflin, 2004), 63.

Sobre Nora O. Lozana-Diaz, veja *Blessed Mary: Protestants Perspectives on Mary,* (Bem-aventurada Maria: Perspectivas Protestantes sobre Maria); Ed. B.R. Gaventa, C.L. Rigby (Louisville: Westminster John Knox, 2002), 90-94.

Sobre Mark Roberts, veja o seu blog chamado *The protestant Mary?* (A Maria Protestante?) em http://www.markdroberts.com/htmfiles/resources/protestantmary.htm#mar2705.

Capítulo 2
Sobre Martinho Lutero, *The Magnificat,* em *Luther's Works,* (O Magnificat, nos escritos de Lutero); Ed. J. Pelikan (St. Lous: Concordia, 1956), volume 21, p. 329.

Capítulo 3
Sobre Guatemala, veja Kathleen Norris, *Meditations on Mary* (Meditações sobre Maria); Nova Iorque: Viking Studio, 1999), 14.

Capítulo 4
Sobre Lynnw Hybels, veja *Nice Girls Don´t Change the World* (Meninas Amáveis não Mudam o Mundo); (Grand Rapids, MI: Zondervan, 2005).

Capítulo 5
Sobre Tacitus, veja *Annals* (Anais) 14.22.

Capítulo 6
Sobre Catherinme Clark Kroeger, veja o *IVP Women's Bible Commentary,* Ed. C.C. Kroeger, M.J.Evans (Downers Grove, IL:IVP, 2002), 567.

Capítulo 7
Sobre as expectativas judaicas comuns, veja os *Dead Sea Scrolls* (Registros sobre o Mar Morto), texto chamado 4Q161, fragmentos 8-10.

Capítulo 8

Sobre os estudos de gramática grega, veja N. Turner, *Grammatical Insights into the New Testament* (Abordagens Gramaticais no Novo Testamento); (Edinburgh: T & T Clark, 1965), 47.

Capítulo 9

Sobre os Salmos de Salomão, veja *Psalms of Solomon*, cap. 17. Uso a tradução de R.B. Wright do *The Old Testament Pseudopigrapha*, (O Velho Testamento Pseudopigrapha), ed. J. Charlestworth (Garden City, NJ: Doubleday, 1985), volume 2. Para *The Infancy Gospel of Thomas*, (O Evangelho da Infância de Tomé) usei a edição de J.K. Elliot, *The Apocryphal New Testament* (O Novo Testamento Apócrifo) Oxford: Clarendon, 1993), 68-83.

Capítulo 11

Sobre os líderes protestantes, veja Martinho Lutero, em *Martin Luther's Works,* ed. J. Pelikan (St. Louis: Concordia, n.d.), 11. 319-320; João Calvino, Mateus, Marcos e Lucas (Grand Rapids, MI: Eerdmans, 1989), 2. 136; J. Wesley, *An Olive Branch to the Romans,* (Um galho de oliveira para os Romanos) em João Wesley, Ed. A.C. Outler (Nova Iorque: Oxford, 1964), 1964), 495.

Capítulo 12

Sobre Jaroslav Pelikan, o subtítulo é *Her Place in the History of Culture* (Seu Lugar na História da Cultura); (New Haven: Yale University Press, 1996).

Sobre Howard Marshall, veja *Chosen by God: Mary in Evangelical Perspective* (Escolhida por Deus: Maria na Perspectiva Evangélica), ed. D.F. Wright (London: Marshall Morgan and Scott, 1989), 63.

Sobre Tim Perry, veja *Mary for Evangelicals: Toward and Understanding of the Mother of our LORD* (Maria Para os Evangélicos: Rumo a Compreensão da Mãe do Nosso SENHOR (Downers Grove, IL: IVP, 2006).

Sobre Ben Witherington, III, veja *What Have They Done With Jesus? Beyond Strange Theories and Bad History* (O que eles fizeram com Jesus? Além das Teorias e História Errôneas); (San Francisco: Harper San Francisco, 2006), 118.

Sobre a *Catholic Encyclopedia* (Enciclopédia Católica), as citações são de *The Catholic Encyclopedia* at http://www.newadvent.org/cathen/15464b.htm, and *Catechism of the Catholic Church* (A Enciclopédia Católica e o Catecismo da Igreja Católica); (New York: Doubleday, 1997), #411.

Sobre Agostinho, veja *Augustine, On Nature and Grace* (Sobre Natureza e Graça); (Nicene and Post-Nicene Fathers, 1st series; vol. 5; Grand Rapids, MI: Eerdmans, 1971),p.135, parágrafo 42.

Sobre Ignatius e Athanasius, veja as discussões de Tim Perry em *Mary for Evangelicals: Toward an Understanding of the Mother of our LORD* (Downers Grove, IL.: IVP, 2006),146.

Sobre Irenaeus, veja *Irenaeus, Against Heresies* (Contra Heresias), de Ante-Nicene Fathers (Pais Ante-Nicene), vol. 1 (Grand Rapids, MI: Eerdmans, 1979), p. 455; Livro 3.22.4.

Sobre Origen, veja seu *Commentary on John 1:4* (Comentário sobre João 1:4) e Commentary on Matthew 10:17 (Comentário sobre Mateus 10:17); citações tiradas de L. Gambero, *Mary and Fathers of the Church: The Blessed Virgin Mary in Patristic Thought* (San Francisco: Ignatius, 1999), 75-76.

## Capítulo 13

Sobre Julian Charley, veja *Chosen by God: Mary in Evangelical Perspective* (Escolhida por Deus: Maria na Perspectiva Evangélica);(ed. D.F. Wright; London: Marshall Morgan e Scott, 1989), 207.

Sobre o Papa Pio IX, veja http://www.newadvent.org/library/docs_pi09id.htm; http://www.montfort.org.br/index.php?secao=documentos&subsecao=decretos&artigo=20060220&lang=bra

Sobre John of Damascus, veja http://www.catholicity.com/encyclopedia/a/assumption,feast_of.html.

Sobre Papa Pio XII, veja http://www.papalencyclicals.net/Pius12/p12MUNIF.HTM, #44; http://www.veritatis.com.br/article/1194

Sobre Scott Hahn, veja *Hail, Holy Queen: The Mother of God in the Word of God* (Aclamada, Santa Rainha: A mãe de Deus no Mundo de Deus);(New York: Doubleday, 2001),126.

Sobre Papa João Paulo II: Seu livro inclui sua encíclica chamada "Mother of the Redeemer" (Redemptoris Mater- Mãe do Redentor) com introdução de Cardeal Joseph Ratzinger, agora Papa Bento XVI, e um comentário pelo teólogo Hans Urs van Balthasar. Publicado em São Francisco por Ignatius Press (1988). Citação p. 89.

Sobre Epiphanius, veja *Against Heresies* (Contra heresias) *79.9 (from Gambero, Mary, 128).*

Sobre Jon Sweeney, veja *Strange Heaven: The Virgin Mary as Woman, Mother, Disciplen, and Advocate* (Brewster, MA: Paraclete Press, 2006), 97.

Sobre Papa Pio IX, veja http://www.ewtn.com/library/encyc/p9ubipr2.htm.

Sobre Vaticano II, veja *Lumen Gentium*, par.67.

Sobre Athanasius, veja *Gambero, Mary*, 106.

Capítulo 14

Sobre John Gwili Jenkins, encontrei este poema em *Timothy George*, em *Mary Mother of God* (Maria Mãe de Deus), ed. C.E. Braaten, R.W.Jenson (Grand Rapids, MI: Eeardmans, 2004), 122.

Sobre G.A. Studdert Kennedy, veja novamente Timothy George, em *Mary Mother of God,* 121.

Sobre Nancy Duff, veja *Blessed Mary: Protestant Perspectives on Mary,* ed. B.R. Gaventa, C.L. Rigby (Louisville, KY: Westminster John Knox, 2002), 65, 66.

Sobre Tim Perry, veja *Mary for Evangelicals: Toward an Understanding of the Mother of our LORD* (Downers Grove, IL: IVP, 2006), 93.

Sobre Kathleen Norris, veja *Blessed Mary: Protestant Perspectives on Mary,* ed. B.R. Gaventa, C.L. Rigby (Louisville, KY: Westminster John Knox, 2002), x.